はじめての
投資女子
note
理想の自分を手に入れる30日ワーク

Discover BP
ディスカヴァー ビジネス パブリッシング

INTRODUCTION

「投資をしたいけど、何からスタートすればいいですか？」

　はじまりは、前作『投資女子』（ダイヤモンド社刊）を読んでくださった方から届いた DM でした。

　投資が女性の人生の味方になって欲しいという願いを込めて、生み出した 1 作目。

　大変多くの反響があり、実際に投資女子となられた方の声も多く寄せられ、とても嬉しい気持ちでいっぱいでした。

　しかしながら、冒頭でご紹介したように、投資女子を目指しているけれども、どうしていいか分からないと迷われる女性がいたのも事実です。

　女性が実際に投資を始めるための道筋を示したい。

　1 人でも多くの女性に投資をしてもらうことで、人生の選択肢を増やしてもらいたい。

　その思いから、本作はワークブック形式の書籍となりました。

　本作では
1. 自分の現状を把握し、投資に使えるお金がどれだけあるか算出する
2. 投資を始める前に目標設定する
3. 投資を始める前の心構えを作る
4. 投資が身近にある生活に変える
5. 自分に合う投資を知って、始める
という 5 ステップであなたの変化を導いていきます。

　1 作目の『投資女子』を読み、「投資をする必要性も分かったし、始めてみたいけど、具体的に何をしたらいいかもっと教えて欲しい」というリクエストにもお応えできている、より実践的な 1 冊になっていま

すので、ぜひ読むだけでなく、ワークに取り組み、投資女子への一歩を踏み出していただけたら幸いです。

　1作目の出版後、私へのDMは以前の3倍以上に増え、テレビなどのメディアからの取材オファーもいただくようになりました。
　それに比例するかのように、投資に関心を持っている女性も増えてきていると感じています。

　"投資ってなんか怪しい・怖いという時代"は移りすぎ、今や"投資をするのが当たり前の時代"に変化を遂げてきています。
　私自身も、新たな挑戦が日々続いております。
　私が投資をしている事業は昨年と比較しても倍以上に増え、配当も倍以上になりました。
　前作でお伝えした通り、収入の柱をたくさん持つべく、ジャンルを問わず分散投資をするという投資スタイルを継続しています。

　今の収入のままでも十分、生活はできます。
　しかし、私が常に行動と決断を繰り返し、挑戦を続けているのは、現状維持は衰退してしまうと思っているから。
　そして、挑戦しないことで人生が色あせていったり、自分自身が退屈な人間になっていってしまうのが嫌だからです。

　すでに十分美しく魅力的な女性がいつまでも美を磨き、美容に投資するのと同じように、私も「もう十分だから」と自分の進化を止めてしまいたくないのです。
　投資をしてお金を増やすことはもはや私の趣味であり、日常の一部なのです。

　とはいえ、常に何かに挑戦をしていると、当然"失敗"という壁にぶち当たることもあります。
　失敗が続くとメンタルを病み、「タイミングではなかったのかも」「占

いでは今の時期は良くないと出ている」なんて考えて、"逃げ"てしまう人も少なくはないでしょう。

　でも、私はそんなどうでもいい言い訳を並べて目の前のことから逃げることはしません。

　失敗が続こうとも、何度もチャレンジします。

　そして、その失敗の果てにある成功という名の新しい景色を見たいのです。

　それは、挑戦を続けた者のみが見ることのできる特別な世界です。

　私はそのスペシャルな感覚を何度も味わっているので、もはや挑戦しないなんてもったいないことはできません♡

　そんなことができるのはリスクを恐れない人だけ。

　そう思ってはいませんか？

　物価上昇や先の見えない世の中。

　いまだに猛威を振るい続けるコロナウイルスの脅威が広がる今の世界では、挑戦をしないことの方がよっぽどリスキーです。

　あなたが今お給料やお小遣いとしてもらう1万円は貯金することができます。

　しかし、目の前に来るチャンスは貯金できません。

　本書があなたのチャンスとなることを願っていますが、このチャンスを0にするのも100にするのもあなた次第です。

　あなたの決断と行動で人生が大きく変わるでしょう。

　どうかチャンスをつかみ、活かし、望む未来を手に入れてください。

深田　彩乃

CONTENTS

CHAPTER 1

投資女子になるための
ファーストステップ

CHAPTER 2

現在地と目的地を
しっかりセットしよう

CHAPTER 3

変化のための準備をしよう

CHAPTER 4

投資や金融が
当たり前にある生活に
変えていこう

CHAPTER 5
投資があなたの選択肢を増やす

CHAPTER 1

投資女子になるためのファーストステップ

なぜ投資を
始めようと思うのに
上手く行かないのか

　私のところには毎日インスタグラムのDMで「投資家になるにはどうしたらいいですか？」「何をすればお金持ちになれますか？」とたくさんの問い合わせが届きます。

　世の中には数え切れないほど多くの投資レクチャー本が販売されており、マネースクールやセミナーも山ほど開催されているのに、それでも「投資家になる方法が分からない」「お金持ちになりたいのになれない」という方があふれていて、実際に成功しているケースが少ないのはどうしてなのでしょうか？

　それはきっと多くの方が「正しい目標達成の方法」を知らないでいるからだと思います。

　もしかするとあなたも、これまでに色々な本を読んだり、セミナーに参加したりしてみたけど、まだ目的を果たせずにこの本を手に取られたのではないでしょうか？

　よくある投資家を目指すパターンは、

投資女子になるための
ファーストステップ

現在地と目的地を
しっかりセットしよう

変化のための準備をしよう

投資や金融が当たり前にある
生活に変えていこう

投資があなたの選択肢を増やす

 今のままでは理想の生活ができない。将来が不安。お金が欲しい

▼

 副業や転職は無理だから投資で増やしてみたい

▼

 どれくらい増やしたいという目標はないけど、とりあえず
本を読んだり、マネーセミナーに行ったりしてみる

▼

1		2		3
不動産やNISAなど勧められたものをやってみたけど、増えた実感もなくどうにかしたいと再び情報を探す	**or**	本を読んだりセミナーに参加したりしたけど、足踏みしていて変わらないまま	**or**	よく分からずに騙されてお金を減らしてしまい、リカバリーしたいと思っている

という流れかと思います。

　私が代表を務めるヴィーナスマネークラブという投資女子コミュニティにいる会員さんのほとんどがこのパターンの1か2でした。

　今のままではマズイと思ってお金の勉強を始めたり、理想の人生を得るために行動を起こそうとすることは素晴らしいです。

　しかし、せっかくのその目標も達成できなければ意味がありません。

　前作『投資女子』を出版した後に、インスタグラムで「彩乃さんの本を読んで、投資家になるために行動しなきゃと思い、起業塾に入ることにしました」というDMが来たときに私はめまいがしました。

　行動するのはとても良いことなのですが、進む方角や手段を間違ってしまっているのです。

　でも、正しい目標達成の方法を知らないで投資家を目指すと、横道にそれてしまう人もいるのかもしれないと気づき、同時に、もっと実践的に投資女子になるための方法も伝えていきたいと思いました。

　本作では、将来に漠然とした不安を持つ、普通の会社員の女性でも投資女子になるための道のりをお話ししていきます。

目標達成のための
ゴールデンルール

　あなたの周りに何でも望みをすいすい叶えていくような人はいませんか？

　逆にいつまで経っても同じ夢を語り続けている人もいるでしょう。

　世の中の成功者やお金持ちは、本人の自覚のあるなしは別として、目標を達成するための法則を使いこなしています。

　そのルールは簡単にまとめるとこのようになっています。

目標設定	・叶えたい目標を見つける ・叶えるために必要な数値を出す

▼

現状把握	・自分の現状を把握する ・目的地と現在地を知る

▼

細分化	・最終目的地までの道のりを細分化する ・一番手前の目的地に行こうと決める

▼

行動	・行動する ・叶わないときに振り返ってみる

第1章では、目標設定について解説していきます。

現在地と目的地を
しっかりセットしよう

変化のための準備をしよう

投資や金融が当たり前にある
生活に変えていこう

投資があなたの選択肢を増やす

あなたは
なぜ投資家に
なりたいのですか？

あなたの「投資家になりたい」理由は何ですか？

おそらく98%くらいの方の理由は「お金を増やしたいから」ではないでしょうか？

なぜあなたはお金が欲しいのか、考えたことはありますか？

☑ このままだと老後が大変そうだから
☑ もっと贅沢したいけど給料が安くてできないからお金が欲しい
☑ 貯金はあるけど、漠然と心配でもっと手元のお金を増やしたい

などが一般的な理由だと思います。

どれも間違っていませんし、動機としては十分です。

では、その不安や不満を解消するためにはいくら必要ですか？

金額を即答できますか？

「とりあえず1億円くらい…？」と思ったあなた。

投資女子になるための
ファーストステップ

現在地と目的地を
しっかりセットしよう

変化のための準備をしよう

投資や金融が当たり前にある
生活に変えていこう

投資があなたの選択肢を増やす

その内訳を明確に説明できますか?

ほとんどの方は欲しい金額も、その裏付けもないままに、なんとなく「○○円欲しい」と思っていることでしょう。

それは例えるなら、沖縄に行きたいのに、目的地を沖縄と入れるのではなく、「暖かくて癒されるところ」と地図アプリに入力するようなものです。そんな漠然とした入力方法ではアプリは道のりを示してはくれません。

「目的地が見つかりません」と返されてしまうでしょう。

「お金持ちになりたい、そのために投資家になりたい」というのであれば、きちんとした明確な目標を立てなければいけません。

かつて、私がとある女性の悩み相談に乗っているときに、彼女が「お金が欲しい」と言うので、「そのお金で具体的に何が欲しいの?」と聞いてみたのですが、「そう言われると特に欲しいものはないんだけど」と言われてびっくりしたことがありました。

将来の不安を漠然と持つタイプの方は、欲望が控えめで、意外と【欲しいもの】や【叶えたい理想】というものを自分の中で明確にできていない傾向が強いようです。

前作の出版イベントのワークショップで、「100万円あったら何に使いますか?」という質問をしたのですが、結構な人数の方から「思いつかないんですが、オススメはありますか?」と逆に聞かれてしまいました。そこで、あなたに最初の質問です。あなたが欲しいものは何ですか?

私の欲しいもの

そうは言われてもあんまりピンとこないという方もいると思うので、今回は**【本当に自分が叶えたいと思っていること】**に気づくためのワークをしてもらいたいと思います。

10のワークで
自分の望みを
明らかにしよう

　「欲しいものがない」という方にも、必ずあるのが「これは嫌」「これ
をなくしたい」と思うもの。

　今ないものを欲しがるよりも、今ある不満・不快を取り除くのを目標
にしてもいいのです。

　「満員電車に乗りたくない」「マスクをしたくない」といった些細なこ
とでいいので、今不満に思っていること、なくしたいと思っていること
を書いてみましょう。

今不満に思っていること、なくしたいと思っていること

生きている以上、毎日何かしらお金を使っていますよね。

どんな人でも「これを買えて幸せ」「これにお金を使えて嬉しい」と思う瞬間があるはずです。

「可愛いワンピースを買えてハッピー」「続きが気になる漫画を購入♡」など、何でもOK！

あなたが喜びを感じるお金の使い方はどんなときでしょうか？

> 何にお金を使うときに喜びを感じますか？

人は「自由に答えていいよ」と言われても、つい今の自分の状況を考えてものを考えがちです。

「シャネルのバッグが欲しいけど、貯金10万円でそんなこと考えちゃだめだ」なんてブレーキをかけてしまったり。

なので、今の自分は横において、子供のような無邪気な心で答えてみてください。

> 1億円あったらやってみたいことは？　※使い切らなくてもOKです

自分に制限をかけないまま、次も理想を書いてみてください。

あなたが叶えたい理想の生活は？

仕事が早く終わったとき、どこで何をして過ごしたら充実した１日だと思えますか？

あなたの理想の週末の過ごし方は？

来年の手帳に書くわくわくする予定は？

> 10年後の今日、すべてを手に入れたあなたはどこで誰と何をしていますか？

> どんなことに達成感を感じますか？

> 今一番大切にしたいものは何ですか？

　10のワーク、すべて書けたでしょうか？

　「なかなか思いつかない、書けない」という方はもしかすると日々に忙殺されて、心と頭にゆとりがない状態なのかもしれません。心を休めて、リラックスした状態を作ってから考えてみてくださいね。

理想の実現には
いくらかかる？

　自分自身の望みをだんだんつかんできたところで、次はそれを手に入れるのにどれくらいのお金が必要か見ていきましょう。

　ありがちなのが、欲しいものややりたいものリストを作成してそれで終了してしまうパターン。

　書けば叶うなんてスピリチュアルなこと、私は言いません。

　欲しいものを明確にして、目標を数値化しないと行動し始めるのは難しいからです。

　とはいえ、いきなり欲しいものすべての金額を調べるのは大変だと思います。

　右に多くの女性が望むものとその必要費用をリストアップしてみました。

　ビュッフェのように好きなだけ選んで、チェックを入れてみてください。

投資女子になるための
ファーストステップ

現在地と目的地を
しっかりセットしよう

変化のための準備をしよう

投資や金融が当たり前にある
生活に変えていこう

投資があなたの選択肢を増やす

趣　味
（1万円〜5万円/月）

ブランド品
（商品により20万円〜100万円）

エステ
（2万円/回）

結婚式
（全国平均で362万円）

出産・育児
（2700万円〜4100万円/人）

マイホーム
（全国平均で3955万円）

レストランでの食事
（3万円/回）

海外旅行
（15万円〜30万円/回）

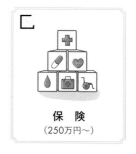

保　険
（250万円〜）

ペット
（購入30万円〜100万円、
年間費用15万円〜35万円）

国内旅行
（7万円〜10万円/回）

高級老人ホーム
（入居に1000万円〜5000万円、
月額利用料30万円〜50万円）

　上の図以外で別途「絶対欲しい！　やりたい！」というものがあれば、
書き足してください。

欲しいもの	値段

　すべて出揃ったところであなたの得たいものの総額を出してみましょう。

私が残りの人生で得たいものの総額は　　　　　　　　　**円です**

　こうして改めて考えてみると、欲しいものはたくさんあって、さらにその実現には多額のお金が必要であるのが認識できたかと思います。
　今の収入のままで、今見えている未来のあなたで、この理想は叶えられそうですか？

投資女子になるための
ファーストステップ

現在地と目的地を
しっかりセットしよう

変化のための準備をしよう

投資や金融が当たり前にある
生活に変えていこう

投資があなたの選択肢を増やす

SECTION 06

100年時代
「普通」に暮らすのに
あといくら必要？

　先ほど出してもらった金額は、あくまで「あなたの希望や理想」です。
【バッグ】【旅行】【贅沢ディナー】など、どれも仮になくても困らないもののはずです。

　欲しいものを得たり、やりたい夢を叶えたりするには、生きていることが大前提になります。

　毎日の生活をおろそかにして夢を追いかけるのは続けるのが困難。

　そこで、次は、生きていく上で必要なお金がどれくらいかも見ていきましょう。

　女性1人が生きていくのに必要な最低金額は年間240万円です。

　ご存じの通り、日本人女性は世界一の長寿！

　2021年7月の厚生労働省の最新データによると、日本人女性の平均寿命は87.74歳です。

　もしあなたが平均寿命まで生きるとすると、

（88歳 ─ 今のあなたの年齢）× 240万円 ＝

┌─────────────────────────────────┐
│   円 │ が必要ということです。
└─────────────────────────────────┘

　もしあなたが今 35 歳なら、88 － 35 ＝ 53 年

　53 年×240 万円＝ 1 億 2720 万円がないと生きていけない計算です。

　しかし、人生 100 年時代と言われ、医療技術が発達し続ける現代において
は、私たちは 88 歳どころか 100 歳まで生きる可能性も大いに
あります。もしあなたが 100 歳まで生きると仮定しての金額も出して
みましょう。

（100歳 ─ 今のあなたの年齢）× 240万円 ＝

┌─────────────────────────────────┐
│   円 │
└─────────────────────────────────┘

　もしあなたが今 35 歳なら、100 － 35 ＝ 65 年

　65 年×240 万円＝ 1 億 5600 万円が生きていくのに必要な最低金額
です。1 億 5000 万円と聞くと、大金で、豪華な暮らしをイメージして
しまいがちですが、これはあくまで最低限の生きるお金。

　旅行や服飾品といった贅沢品だけでなく、安心するための生命保険料
や先進医療を受けるための医療費も含まれていません。

　では、1 つ前の段落で算出した【あなたの得たいものの総額】と【生
きていく上で必要なお金】を合わせてみましょう。

あなたの得たいものの総額　　　　　　生きていく上で必要なお金

┌───────────────┐   ┌───────────────┐
│   円 │   ＋   │   円 │
└───────────────┘   └───────────────┘

総額

┌─────────────────────────────────┐
│   円 │
└─────────────────────────────────┘

　いくらになりましたか？　欲しいものが多い方は 3 億円近くになって
いるのではないでしょうか。

　「こんな大金、作る方法なんて思いつかない」と嘆く前に、もらえる
はずのお金にも目を向けていきましょう。

投資女子になるための
ファーストステップ

現在地と目的地を
しっかりセットしよう

変化のための準備をしよう

投資や金融が当たり前にある
生活に変えていこう

投資があなたの選択肢を増やす

将来もらえるお金を見てみよう

多くの女性が日々働いて収入を得ています。

仕事をリタイアしたときには、退職金がもらえますし、年金ももらうことができます。

では実際にどれくらいもらえるのでしょうか?

【労働収入】

あなたが35歳で年収400万円だとします。

もし今の年収のまま、定年まで働くとしたら

400万円×(65歳-35歳)=1億2000万円が入ってくるお金です。

※実際にはここから税金が差し引かれます。

今の年収		残りの働く年数		労働収入合計
	×		=	

会社員としてもらっているお金以外の収入がある人は別途書き出し

27

てみてください。

- ☑ **不動産収入など投資で得られるお金**
- ☑ **副業での収入**
- ☑ **その他贈与など**

　なお遺産に関しては、明確にいくらもらえると約束されている場合を除いては、カウントしないでください。

　遺産がどれくらいになるかをご両親に聞くのはセンシティブな問題ですし、ご両親が予想している金額を大きく下回るということもしばしばです。

　また、悲しいことに親族間で揉めてしまって、予定している金額通りにいかないこともあります。

　遺産については、「入ったらラッキー」くらいの気持ちでいるのが良いです。

【退職金】

　退職金とは、皆さんご存じの通り、会社員が会社を退職するときに支給されるお金のこと。

　退職金制度は法律で決められているものではなく、会社が任意に決めるもののため、退職金の有無や制度の内容は会社により異なります。

　一律に決まっているものではないため、ほとんどの人が、自分が定年退職するとどれくらいのお金がもらえるかを知りません。

　しかし、退職金制度がある場合は、必ず会社のルールである就業規則に明示をしなければなりませんので、金額を知りたいときは就業規則の退職金規程を確認してみてください。

　「何年勤めたら支給されるのか」「どのくらいもらえるのか」が分かるはずです。

　退職金は勤続年数が長いほど増える傾向にあります。

　反対に「勤続〇年未満の場合は支給しない」という会社も多くあります。退職金の金額は、定年で退職するときが最大金額となるのが一般的

投資女子になるための
ファーストステップ

現在地と目的地を
しっかりセットしよう

変化のための準備をしよう

投資や金融が当たり前にある
生活に変えていこう

投資があなたの選択肢を増やす

です。

　標準的な定年退職者の退職一時金の支給額は 60 歳勤続年数 35 年以上、総合職の場合、

→大学卒で約 1897 万円　　→高校卒で約 1497 万円

と言われています。ですが、そのまま満額支給されるわけではありません。ここから税金が差し引かれます。

　仮に勤続年数 35 年で退職金が 1897 万円であれば、税引き後には約 1827 万円となります。

　自分の退職金の手取り額を計算したい方はこちらのサイトを使ってみてください。

☑ 生活や実務に役立つ計算サイト keisan より 退職金の税金計算ページ
https://keisan.casio.jp/exec/system/1292387069

　今勤めている会社で定年を迎える予定の方は、社内規則を一度チェックしてみることをオススメします♡

　今後転職も考えているという人は、1000 万円くらいをイメージしておきましょう。退職金にとらわれて転職しないのは本末転倒。退職金はざっくりとした金額が読めれば問題ありません。

【年　金】

　私たちは老後、年金をもらうことができます。年金は 2 種類あるのはご存じかと思いますが、改めて概要を押さえておきましょう♪

1. 国民年金

　20 歳から 60 歳までのすべての日本国民が加入するもので、公的年金のベースとなっていることから基礎年金とも呼ばれます。自営業の方が加入しているイメージが強いですが、学生や専業主婦、無職の方なども国民年金に加入する義務があります。

2. 厚生年金

こちらは会社員や公務員が加入するもので、国民年金に上乗せする形を取ります。

どちらの年金も受給開始年齢は、原則65歳。

以前は国民年金が65歳、厚生年金が60歳からでしたが、2013年度から受給開始年齢が段階的に引き上げられています。1966年4月2日以降に生まれた女性の受給開始年齢は65歳です。

つまり、この本を読んでいるほとんどの方は、国民年金も厚生年金も65歳から受け取れると覚えておけばOKです。

ここまでが大前提！　では実際にいくらもらえるのかを見ていきましょう。国民年金の計算方法は簡単で、以下の計算式で求められます。

78万100円×保険料納付月数÷480＝国民年金受給額（年額）

※480は、40年（加入可能年数）×12か月

国民年金の受給額は、保険料の納付月数で決まるため、20歳から60歳までの40年間きっちり保険料を納めたのであれば、満額がもらえるので年78万100円、月額にすると約6万5000円です（保険料の免除期間がある場合や、年金の繰り上げ受給、繰り下げ受給をする場合は計算が異なります）。

ちなみに、国民年金の平均受給額は約5万6000円／月です。

出典：厚労省「平成29年度厚生年金保険・国民年金事業の概況」

そして、会社員や公務員などの方が加入している厚生年金ですが、こちらの受給額は、保険料の納付月数と収入によって決まるため、収入が高いほど受給額も多くなります。女性の厚生年金（国民年金分含む）の平均受給月額は約10万3000円です。

まとめると、老後にもらえるお金は

☑ あなたがずっと会社勤めをしているならば約10万3000円
☑ 自営業や専業主婦なのであれば、約6万5000円

ということになります。

65歳から平均寿命である88歳までの年数は23年。

23年間に受給できる額は、会社員ならおよそ2842万円、自営業（主婦）なら1794万円となります。

> **私のもらえる年金額は**　　　　　　　　　　　　**円です**

しかし、あなたが年金をもらうときに本当にこの金額をもらえるか。

また65歳になったらもらえるかというと、それは断言できません。

なぜなら、厚生年金は元々は60歳から支払われていたのに、法律の改正により受給開始の年齢が段階的に引き上げられており、同時に支給額が引き下げられているからです。

日本の年金制度は賦課（ふか）方式という、現役世代が納めた保険料を、今の年金受給世代に老齢年金として支払う仕組みになっています。

現役世代が年金受給世代に仕送りをしているというイメージですね。

日本は今後も少子高齢化が進んでいくのは間違いありません。

仕送りする人と仕送り額が減っていけば、当然もらえる期間も額も減らさざるを得ません。

つまり、年齢が若い方ほどもらえる年金額が減っていく可能性が高いのです。

年金は減ることはあっても、増えることはまずあり得ません。

なので、今出ている金額はあくまでも【一番もらえるときの金額】という認識でいましょう。

忍び寄る物価上昇

最後に、あなたがもらえる予定のお金を合算してみましょう。

得られるお金を計算してみよう

リタイアまでに得られる労働収入	円
投資収入	円
その他収入	円
退職金	円
年金	円
合計	円

私がこれから得られる予定のお金は	円です

投資女子になるための
ファーストステップ

現在地と目的地を
しっかりセットしよう

変化のための準備をしよう

投資や金融が当たり前にある
生活に変えていこう

投資があなたの選択肢を増やす

得られる金額はどのくらいでしたか？
もし35歳独身・年収400万円だとすれば、

労働収入：400万円 × 30年＝1億2000万円
退　職　金：1000万円
年　　　金：2842万円

これからの人生で手に入る予定のお金は1億5842万円です。26ページで出た【生きていく上で必要なお金】は1億5600万円。
「なんだ、このままでも全然余裕！」と思うかもしれません。
しかしこれは65歳まで働き続けて、退職金もしっかり出たらのケース。ここから出産・育児により年収が下がることもあり得ますし、けがや病気をしたり、親の介護のために定年前に退職せざるを得なかったりするケースもあり得ます。
そうなれば予定していた労働収入を下回ったり、退職金が減る可能性もあります。
そして、注意すべきなのは、手に入るお金でまかなえるのはあくまで、【生きていく上で必要なお金】だけということ！
理想の人生を歩もうとすればその分だけの費用が必要になってくるということです。
もし憧れのホテルで結婚式を挙げて、子供を1人育てて、年に一度はハワイに旅行！
45歳の節目の時期に一生もののカルティエの時計パンテールを買って……のように理想を足してみたらどうでしょうか？
結婚式と子供の養育費用は、旦那さんと折半だとしても、合わせて1450万円。ハワイ旅行を一生に30回するとしたら600万円（ハワイ旅行は4泊6日で1人約20万円ほどが平均だそうです）。カルティエの時計が約100万円だとすると、トータルで2000万円はプラスで必要ということです。
つまり、最低限の生活は何とかできたとしても、やりたいことを諦めざるを得ない味気ない人生になってしまうということ。

ここまでくれば、賢いあなたは、「このままではマズイ！」と思ったはずです。

　でも、実際はもっとシビアです。

　なぜならここまでの計算には物価上昇のことが含まれていないからです。

　前作『投資女子』でもお伝えしましたが、日本は年々物価が上昇しています。

　皆さんもニュースなどで「ゼロ金利政策」と「量的緩和政策」という言葉を耳にしたことがあるのではないでしょうか？　日本は今、この2つの金融緩和政策を積極的に推し進めています。

　「ゼロ金利政策」とは、読んで字のごとく、金利をほぼゼロにするという政策。

　「量的緩和政策」とは、簡単に言うとお金をどんどん刷ることです。

　なぜこの2つの金融政策を行っているかといえば、日本がインフレを加速させようとしているからです。

　インフレって、昔、学校の授業で習いましたよね。物価が上がる現象のことです。

　日銀はこれまでずっと、「緩やかなインフレ」を金融政策の目標に掲げてきました。正確に言えば、「消費者物価の前年比上昇率2％」が目標。

　それを実現するための策がゼロ金利と量的緩和なのです。

　実際、日本は今、超低金利時代と言われています。

　バブル経済崩壊後でさえ、定期預金なら6％ほどはあった金利が、今はほぼ0％。

　昔は貯金をしていればわずかながらでも利子によってお金が増えていたけれど、今はほとんど増えません。

　しかも、量的緩和でお金をどんどん流通させれば、当然ながらお金の価値は下がっていきます。

　今のところはなかなか日銀の思惑どおりの結果にはなっていませんが、もし日銀が目指すように毎年2％ずつのインフレが実現されたら、物価は30年で1.8倍になります。つまり、これまで1万円だったものを買おうとしたら、1万8000円が必要になるということ。

投資女子になるための
ファーストステップ

現在地と目的地を
しっかりセットしよう

変化のための準備をしよう

投資や金融が当たり前にある
生活に変えていこう

投資があなたの選択肢を増やす

　仮に円の価値が半分になったとしたら、今、銀行に1000万円の貯金があったとしても、500万円分の価値しかなくなってしまう……。

　そうなれば、欲しかったものをさらに諦めて、つつましく生活するほかありません。

　持っているお金の実質的な価値が減るだけでなく、子供の学費もカルティエも今よりどんどん高くなるので、支払いはさらに厳しくなります（特に学費は、少子化で学校経営が厳しくなるので値上がり率がすさまじいです）。

　結果として、結婚式の予算削減や旅行の回数を減らす、カルティエは諦めなければ……ということも往々にしてあり得るのです。

目標金額を
数値化する

では、どうしたらいいのでしょうか？

- ☑ 日々節約にいそしむ？
- ☑ 望みを減らして質素につつましく生きる？
- ☑ 玉の輿を狙う？
- ☑ 転職や副業を思い切ってしてみる？
- ☑ 一発逆転のチャンスをギャンブルにかける？

はっきり言って、どれもナンセンスです！

節約したり、やりたいことを減らしたりしてでもあなたは88年生きたいですか？　私だったらまっぴらごめんです。だからと言って、一発逆転を狙ったり、高収入な男性に養ってもらおうというのも手堅いとは言えません。そう、あなたが取り入れるべきは「投資」という手段です！

本題に戻り、投資家になるために目標となる数値を算出していきま

しょう。

　これから得られる予定のお金については、先述の通り物価上昇が2倍になるという最悪の想定を見越して、半分の金額にします。

> 自分の将来のお金についてまとめましょう

A	理想を叶えるために必要なお金	円
B	生きていく上で必要なお金	円
	A + B の合計	円
C	これから得られる予定の総額	円
D	これから得られる予定の総額÷2	円
	（A + B）− D	円

　先ほどの例のように、35歳独身・年収400万円の方が得られる金額1億5842万円であれば、半分となると7921万円です。

　もし【あなたの得たいものの総額】と【生きていく上で必要なお金】の総額が2億円なら、理想の実現のために足りない金額は約1億2000万円です。あなたの合計はいくらになったでしょうか？

　26ページで合計した**【あなたの得たいものの総額】と【生きていく上で必要なお金】**の総額から得られるお金を引いてみてください。それがあなたの目標金額です。

私の目標金額は	円です

　こうして改めて考えてみると、欲しいものすべてを手に入れつつ、日々暮らしていくためにはに多額のお金が必要であるのが認識できたかと思います。

　今の収入のままで、今見えている未来のあなたで、この理想は叶えられそうですか？　難しいと思う方が大半だと思います。

でも、こうして計算したことで、私が冒頭にした「あなたはいくら欲しいから投資家になりたいのですか？」という質問には答えられるようになったかと思います。これで目標達成ゴールデンルールのステップ1は完了です。次の章では、ステップ2と3をお伝えしていきます。

現在地と目的地をしっかりセットしよう

今のあなたを
客観的に見てみよう

　ここで改めて、目標達成のためのゴールデンルールを確認しましょう。

目標設定	・叶えたい目標を見つける ・叶えるために必要な数値を出す

▼

現状把握	・自分の現状を把握する ・目的地と現在地を知る

▼

細分化	・最終目的地までの道のりを細分化する ・一番手前の目的地に行こうと決める

▼

行　動	・行動する ・叶わないときに振り返ってみる

投資女子になるための
ファーストステップ

現在地と目的地を
しっかりセットしよう

変化のための準備をしよう

投資や金融が当たり前にある
生活に変えていこう

投資があなたの選択肢を増やす

　自分の心と向き合い、本当に欲しいものを見つけ、それを得るための目標数値も決まりました。次にやるべきは【現状把握】です。目標達成のためには、現状の把握が非常に重要です。

　ダイエットで考えてみてください。今自分が何 kg なのか、体脂肪率が何％なのか知らないままで、目標体重までどれくらい努力すればいいか分かりますか？

　毎日どのようなものを食べているかも知らず、運動量も分かっていないのに、自分が太った理由や綺麗に痩せるための方法を導き出せるでしょうか？　お金に関しても同じことが言えます。

　現状を把握しなければ、豊かな生活を手に入れるのは至難の業です。とはいえ、最初から毎月の支出を細かく算出するなんて大変ですよね？なので、まずは簡単に【あなた自身】の現状を見ていきましょう！

あなた自身の現状を書き出してみよう

年齢	
家賃（自分で払っていない人は0円でOK）	
あなたの住んでいる場所は？（最寄り駅）	
職業	
貯金	
月収	
年収	
自分の外見を100点満点中で採点すると？	/100点
自分の内面（性格）を100点満点中で採点すると？	/100点
自分のスキル/能力を100点満点中で採点すると？	/100点

　どうでしたか？　さっと書くことができたでしょうか？

　最寄り駅や家賃、年齢はすんなり書ける方が多いと思いますが、自分の外見・内面・スキルに点をつけるのは考え込んでしまうのではないでしょうか。続いては危機度チェックリストです。当てはまる方を○してください。

リボ払いをしたことがある	YES	NO
クレジットカードや携帯料金の引き落としが できなかった経験がある	YES	NO
転職を複数回したことがある （20代なら2回、30代なら3回、40代以上なら4回）	YES	NO
自分の保険内容をすぐに言えない （そもそも保険に入っていない人はYESを選んでください）	YES	NO
給与明細の読み方が分からない	YES	NO
健康にあまり気を使っていない （健康診断を毎年受けていない）	YES	NO
ネットで知ったことを鵜呑みにする	YES	NO
「限定品」「今だけ」「セール」の言葉に弱い	YES	NO
何事も決断するのに時間がかかる	YES	NO
自分で決断するよりは 親や友人など周りの意見を取り入れがち	YES	NO
合計数	個	個

YES と NO の数をそれぞれ書き出せましたか？

YES が 3 つ以下：危機度 20％ …… 許容範囲内です。

YES が 4 ～ 6 つ：危機度 60％ …… かなりやばい状況です。

YES が 7 つ以上：危機度 90％ …… 残念ながら貧乏マインドです。

　あなたの危機度はどれくらいでしたか？　自分自身に直面するのがきついという方もいるかもしれませんね。でも、これは本気で変わるためには通らなければいけない試練のようなものです。

　自分が太っているとき、体重計に乗ってリアルな数字で体重を見たりするのは嫌な気持ちになりますよね？　でも、それで落ち込むのが嫌で体重計に乗れない人は一生痩せられません。「こんなひどい数字ならもうどうなってもいい」と自分自身を諦めてしまう人にも理想を手にする瞬間は訪れません。自分自身を見つめなおせる人はその時点で変わる可能性を秘めているのです。

投資女子になるための
ファーストステップ

現在地と目的地を
しっかりセットしよう

変化のための準備をしよう

投資や金融が当たり前にある
生活に変えていこう

投資があなたの選択肢を増やす

SECTION 02

投資女子的試算表

　自分自身と向き合えたら、次はさらにお金の部分に踏み込んでいきましょう。投資をするにはお金が必要です。

　若さ（時間）やキャリアを武器にする投資もありますが、それらの投資も多少のお金は必要です。

　もし、現時点において、リボ払いやカードローン、キャッシングなどの借金がある方は、投資を考える前に借金を返済しましょう（奨学金や住宅ローン、車のローンなどは OK です）。

　それでは**【投資に使えるお金がどれだけあるか】**を見ていきましょう。今回は試算表というものを使って、あなたの資産を算出します。試算表という言葉をご存じですか？

　自分で会社をやっているか、経理や財務の専門職でもない限り、なかなか聞き馴染みのない言葉かと思います。試算表とは、簡単に言うと、会社が決算の確定作業に入る前に作成する集計表のことです。

　会社の経営が順調であれば、負債より資産が上回ります。逆に経営状

43

況が悪くなれば、負債が増えていきますよね。会社の資産と負債の割合を確認すれば、会社の経営状況を把握できます。そのために活用するのが、試算表です。これを個人に応用すると、自分自身の資産や収益を把握していくことができるということです。

　企業が作る試算表はこのようなものです。

借 方（円）	勘定科目	貸 方（円）
3,620,000	現　　　金	1,700,000
500,000	売　掛　金	440,000
1,720,000	商　　　品	100,000
662,000	買　掛　金	900,000
1,300,000	借　入　金	2,200,000
－	資　本　金	3,800,000
－	商 品 売 買 益	800,000
－	受 取 利 息	7,000
2,000,000	給　　　料	－
35,000	支 払 利 息	－
110,000	雑　　　費	－
9,947,000		9,947,000

　見てもらうとなんとなく分かるでしょうか？

　要は「いくら使って、いくら入って、どれだけ資産と負債が残るのか」というのが表されています。

　つまり、会社にとっての【自分の棚卸】リストと言えるのです。

　私は個人事業主をやっている子からよくお金に関する相談をされるのですが、みんな自分の売り上げはよく分かっていて、自慢までするくらいなのに、支出を差し引いた【純利益】というものに無頓着なのです！

　でも、これは非常に危ない状態。例えるなら、年収が高いからと浪費ばかりしていて、支出が多く、貯金が全然ないような人みたいなもの。

　第1章では収入について見たので、ここでは支出について掘り下げていきましょう。

　支出と一口に言っても、実はその中で3つに分けられるということはご存じでしょうか？

そう、**すべての支出は消費・投資・浪費に分けられる**んです。

生活するのに必要なモノコトにかかる出費

住居費／食費／光熱費／水道／医療費／被服費／日用品費 etc...

将来の自分や家族の成長につながる出費

昇給・昇進を目指し、自己投資するお金／投資で運用するお金 etc...

生活するうえで必要というわけではない出費

お酒や必要以上のコーヒー／お菓子代／無駄遣い etc...

投資と消費・浪費の区別のつかない支出があるかもしれません。

仕分けるポイントは、「そのお金が別のお金を生むかどうか」です。

その資格を取ることで手当てがつき、確実に月収が上がるような資格取得のための費用は【投資】。どれだけ収入アップにつながりそうな支出でも、お金になっていないなら、残念ながらそれはただの【浪費】です。

自分磨きの習い事が投資になっているか、浪費になってしまっているか。きっちりジャッジしてみてくださいね。

日頃、家計簿をつけている人は早速、消費・投資・浪費に分けてみましょう。「家計簿を全然つけていないから、自分の割合が分からない」という方は、1か月でいいので家計簿をつけて、消費・投資・浪費の割合を出してみてください。

スマホ管理派の方なら、家計簿アプリをダウンロードして、カテゴリーを消費・投資・浪費の3つに分けるようにすると集計するのが簡単です。手書きが好きな方は、次のページから始まる4週間の家計簿をご活用ください。

レシートがある場合は1日の終わりなどに確認しながらでもOK。自動販売機などのレシートが出ないものはその場ですぐ打ち込む癖を！

	/ 月	/ 火	/ 水
消 生活するのに必要な モノコトにかかる出費			
投 将来の自分や家族の 成長につながる出費			
浪 生活するうえで必要と いうわけではない出費			
合計金額	円	円	円
ひとことメモ			

今週の 集 計	住居費	水道 光熱費	通信費	生命保険料	食費	日用品費
金 額	円	円	円	円	円	円

記入は　スーパー 食3,482円　というようにカンタンに！

／ 木	／ 金	／ 土	／ 日
円	円	円	円

医療費	被服日	レジャー費	その他	消	投	浪
円	円	円	円	円	円	円

合計金額　　　　　　　　　　　　　　　　　　円

投資女子になるための
ファーストステップ

現在地と目的地を
しっかりセットしよう

変化のための準備をしよう

投資や金融が当たり前にある
生活に変えていこう

投資があなたの選択肢を増やす

1か月つけ終わった方、また日頃つけている家計簿がある方は、ここで消費・投資・浪費の割合を出していきましょう。

まずは、「消費・投資・浪費」の4週間の合計額を出します。

消 ＝ [   ] 円

投 ＝ [   ] 円

浪 ＝ [   ] 円

続いて、「消費・投資・浪費」それぞれの割合を計算します。

消 | 合計額 [   ] ÷ 手取り月収 [   ] ×100＝ [   ] ％

投 | 合計額 [   ] ÷ 手取り月収 [   ] ×100＝ [   ] ％

浪 | 合計額 [   ] ÷ 手取り月収 [   ] ×100＝ [   ] ％

図にするとさらに頭に入りやすくなるので、円グラフを色塗りするのがオススメです。

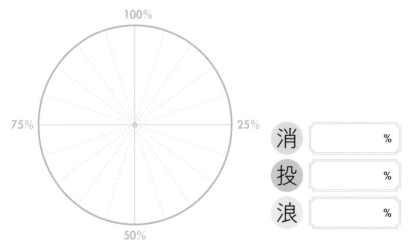

100%

75%　　　　25%

50%

消 [   ] ％

投 [   ] ％

浪 [   ] ％

投資女子になるための
ファーストステップ

現在地と目的地を
しっかりセットしよう

変化のための準備をしよう

投資や金融が当たり前にある
生活に変えていこう

投資があなたの選択肢を増やす

出来上がったところで、注目して欲しいのは投資の割合です。
この消費・投資・浪費には理想の割合が存在します。

その割合とは、**消費：70%　投資：20%　浪費：10%**

手取り月収が30万円の場合なら
消費：21万円
投資：6万円
浪費：3万円
ということですね。

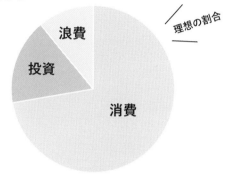

理想の割合

浪費

投資

消費

　こういった割合を出すと、一般的には浪費の割合を気にするようですが、投資女子的には、注目すべきは「投資」の割合です。
　仮に毎月50万円ブランド物を買っていようと、投資に100万円回せていれば全く問題ありません。
　浪費はあまりしちゃいけないという考えのFP（ファイナンシャルプランナー）もいるようですが、浪費は人生のうるおいです。
　無理して節約したり、我慢ばかりしているのは本末転倒。
　もちろん、投資割合より浪費割合が多いというのであれば、適切な割合になるよう、浪費を控えましょう。
　支出の内訳も済んだところで、収入と支出の総決算と行きましょう！

貯金額	＋	円
一括投資など今出資している投資資産額	＋	円
株や暗号資産など価格が変動する資産の時価総額	＋	円
取り崩せない積立金や養老保険料などの総支払額	＋	円
奨学金や住宅ローン・車のローンの残額	－	円
借金(リボ払い・キャッシング・カードローン)の残額	－	円
合計金額		円

私の総資産額は　　　　　　　　　　　　　　　円です

投資に使えるお金を出してみよう

貯金額		6か月分の生活費		リアルアセット
	－		＝	
		(緊急用資金)		

　合計欄で出たお金、それがあなたの投資に使えるお金です。

　本書ではこれを「リアルアセット」(投資に使えるお金)と名付けました。収入がどれだけ多くても、このリアルアセットが少なければ意味がないのです。

私のリアルアセットは　　　　　　　　　　　　円です

　このリアルアセットを使って、あなたはこれから投資を進めていくことになります。もしリアルアセットの金額があまりに少ないようであれば、投資の前に、まずは借金返済の計画を立てることや転職などで年収をアップさせるといった根本からの対応を取る必要があります。

　逆に、リアルアセットが結構あることが分かり、すぐにでも投資したいと思っている人も、落ち着いてください。やるべきことがまだ残っています。

投資女子になるための
ファーストステップ

現在地と目的地を
しっかりセットしよう

変化のための準備をしよう

投資や金融が当たり前にある
生活に変えていこう

投資があなたの選択肢を増やす

SECTION 03

目標設定を
成功させるための
3要素

　「もっと豊かになりたい」とお金持ちを目指しても、ほとんどの人が
その目標を達成できずに終わってしまうのはなぜでしょうか？

　私から見たら、その原因は「目標がきちんと決められていないから」
の一言に尽きます。

　「今の自分の資産状況も把握して、目標となる数値も出したのに？」
と疑問に思うかもしれません。

　確かにその2つは必須条件です。

　地図アプリで言うと、現在地と目的地が決まったという状態です。

　自分の望みを叶えるために必要な金額と現状を把握するのはとても
大切なのですが、それだけでは不十分です。

　なぜなら、今回立てている目標数値は数千万～数億円と非常に大きい
から。目標が大きすぎると脳が「無理！」と挫折してしまうのです。

　もう一回、ダイエットで考えてみましょう。

　158cmで現在の体重は55kg、目標は45kg。身長的には問題はありま

51

せん。毎日カロリーと栄養素を計算した食事を摂り、カロリー消費のために決められたエクササイズをやるだけ！　でも、なかなか痩せられない……なんてことは女性なら誰でも経験したことがあるはずです。

　その理由は「10kg痩せる」というのが「大変そう」「辛い思いをしなきゃいけない」と思ってしまう人が多いからです。

　別のことで例えてみましょう。もし、あなたが「自分の作ったアクセサリーで年商3000万円」を志します。アクセサリー1つの値段が2000円なら1万5000個売らないといけません。

　「1万5000個も売れるイメージがつかない」

　「そもそも自分1人で1万5000個も作るのは無理じゃないか」

　「単価を上げたいけど、高額商品ってどう売ればいいの？」

　といったネガティブな想像をしてしまったり、どうしたら3000万円になるか分からないと思ったりしてしまうと、もう脳は急激にやる気を失ってしまいます。

　それでも大きすぎる目標にしがみついていると、「自分のショップを開いてすぐに月商7桁達成する方法」やら「高額商品を売るためのセルフブランディング」のような講座にお金を使ってしまって、できるような気になって結局変わっていない。なんてことになりがちです。投資も同じことが言えます。

　1億円を生み出す方法がよく分かっていないのに、とにかく行動だと突っ走った結果、やっぱり自分にはできないと途中で諦めてしまったり、投資ではなく投機のような案件に投げてしまったり。あるいは、実際にお金を使うのは怖いと、ただお金の勉強を続けるだけに終わってしまったりと、いつまでも叶えられない目標を持ち続けるだけになってしまうのです。目標を本気で達成しようと思うなら、欠かせない大切なポイントが3つあります。それは、

1. 期日の設定

2. 目標の細分化

3. 目標を1つに絞る

の3つです。

　そう、いよいよステップ3へ入っていくのです。

投資女子になるための
ファーストステップ

現在地と目的地を
しっかりセットしよう

変化のための準備をしよう

投資や金融が当たり前にある
生活に変えていこう

投資があなたの選択肢を増やす

SECTION 04

期日の設定と
目標の細分化

　お金のことに限らず、ダイエットでも婚活でも言えることなのですが、明確な期日を設定しないと、願いはいつまで経っても叶えられません。考えてみてください。

「いつか結婚したいと思って、飲み会に行く回数を増やしてみた」
というＡさん。

「32歳までに結婚したいから、残された日数はあと300日！
まずはアプリで週5人とデートして、今月中に彼氏を作る！」
というＢさん。

　どちらが本当に結婚できそうと思いますか？

　Ｂさんなのは一目瞭然ですよね。

　Ｂさんはきちんと期日を決めることで、逆算して行動できるようになるからです。これが目標の細分化です。

　「結婚する」という目標は大きく、漠然としています。

　だから、「結婚する」という目標を、「プロポーズされる（する）」「彼

氏を作る」「デートをたくさんする」「たくさんの男性と知り合う」のように細かくしていきます。

　そうすると、まずは「たくさんの男性と知り合う」のを目標に、アプリを使ってとにかく男性との接点を増やそうという行動に移れるのです。

　年収400万円で、投資も何もしたことがない普通の会社員の女性が、いきなり「3000万円作るにはどうしたらいいでしょうか？」と問題を出されても、現実的な回答ができるはずがありませんよね？

　まずは、何年で3000万円なのかを決める。

　30年後に3000万円と言うことは、1年で100万円作る必要があります。月に換算すれば約8万円弱。

　「3000万円作って」と言われると脳も分からず挫折してしまいますが、「1か月で8万円作るには？」という質問になら、本当にできそうなアイデアが少しは出てくるはずです。

　何より「これくらいならできるかも？」という気持ちになれるはずです。周りに3000万円を作った人はなかなかいなくても、年間100万円を生み出す人ならいそうですよね？

　期日を明確にして、細分化することで目標はぐっと達成しやすくなります。このような期日の明確化と目標の細分化は、私が昔からやっている方法です。

　私は昔から、あまり先々のことは考えないタイプです。

　漠然とした大きい目標を達成したいと思うときは、必ず、細かい小さい目標に変えるようにしています。

　細分化した目の前の小さい目標だけに集中するのが最速なのです。

　もし現在地・札幌から目的地・ハワイに行きたいなら、

　札幌駅から新千歳空港、新千歳空港から羽田空港、羽田空港からホノルル空港のように細かくし、まずは札幌駅から新千歳空港を目指すことに集中するということです。

　投資にしても、いきなり「30年後に1億円！」とするのではなく、

投資女子になるための
ファーストステップ

現在地と目的地を
しっかりセットしよう

変化のための準備をしよう

投資や金融が当たり前にある
生活に変えていこう

投資があなたの選択肢を増やす

まずは実際に投資をしている人のブログ等を調べてみる

▼

投資で上手く行っている人の話を直接聞いてみる

▼

いつもやっている貯金の預け先をもっと利率のいいところに
変えられないか調べる

▼

実際に利率のいいところに預け先を変えてみる

▼

低リスクの案件に 50 万円だけ出資してみる

のように「できそう」「簡単そう」と思える小さい目標に細分化し、まずは 1 つずつ地道に行動していくのが、長い目で見ると目標達成の最短ルートとなるのです。

> あなたの叶えたい目標を書いてください

> それを達成するためには、何をしたらいいでしょうか？ 思いつくまま書いてみてください

SECTION **05**

目標は１つに絞る

　【期日の設定】と【目標の細分化】以上に、私が心掛けているポイントがあります。

　それは、【目標を１つに絞る】ということ。あれこれ考えない！

　本などでもよく「夢を100個書こう」なんて目にしますし、うちのスタッフも昔やったことがあると言っていました。

　「それで100個のうちどれくらい叶えられた？」とも聞いてみましたが、「30くらいですかね」と彼女は答えました。

　彼女にも、同じように100個書き出した読者の方にも、本当に申し訳ないのですが、断言します。

　願いは数を増やせば増やすほど叶えられません！！！

　100個書く暇があれば、目標を１つに絞る作業をするべきです！

　そこまで叶えたいと思っていないなら書き出すのも思い続けるのも自由ですが、本当に叶えたい目標は１つにしないといけません。

　先日お話しした女性が「結婚もしたいし、世界一周旅行もしたいし、

投資女子になるための
ファーストステップ

現在地と目的地を
しっかりセットしよう

変化のための準備をしよう

投資や金融が当たり前にある
生活に変えていこう

投資があなたの選択肢を増やす

投資家にもなりたい」といっぱいの夢を語ってくれました。

でも彼女は数年間思い続けているのにどれも叶えられていない。

私から見ると、彼女が本当に何をしたいのか分かりません。迷走しているように感じます。

願いを叶えるのに何歳でも遅いということはない。

でも、漠然と願っている人はいくつになっても夢を叶えられない。

私は心からそう思っています。

「60歳だけど玉の輿に乗りたい」「中卒だけど会社を立ち上げたい」

絶対無理でしょと周りが思っていても、ゴールデンルールを使って、本人が本気で取り組めば達成できると思います。

ただ、本気でやるためには目標は1つに絞らなければいけません。

本書を手に取った皆さんはきっと、理想の自分になる手段として「投資をする」を目標にしていると思います。もし、同時並行で「婚活しよう」「10kg以上ダイエットしよう」「転職しよう」など、ほかにもたくさんの目標を持っているのであれば、それらはいったん忘れてください。

もし、「投資家になる」より先にどうしても達成しなければいけないことがあるのであれば、そちらを優先した方がいいでしょう。

ですが、前作『投資女子』でもお伝えしたようにあらゆる悩みはお金を増やせたら解決するものです。

投資家になりたいと思ってこの本を手に取ってくださったのなら、まずは3か月だけでいいので、その目標にのみ集中してみてください。

地図アプリには経由地は入れられても、複数の目的地は入れられません。あなたの人生も同じです。目的地はいつも1つにして、まずはそこへ行きましょう。目的地に到着してから次の目的地を入力すればいいだけです。どの目的地にするか迷っていては永遠に今の場所から動くことはできません。

目的地を1つ決めて、まずはそこに行く！

シンプルですが、普遍のゴールデンルールだと私は思います。

SECTION 06

断つものを決めるから「決断」

　前作『投資女子』でもお話ししましたが、私は「決断」という言葉が好きです。

　決断は「断つものを決める」と書きますよね。

　先述の通り、世の中には目標や夢を複数持つ女性が多いなと感じます。貪欲なことは素晴らしいですし、向上心があっていいことだとは思いますが、あれもこれもと欲張りすぎた結果、何も成し遂げられなかったのでは意味がないのではないでしょうか？

　マルチプレーヤーな方に憧れる気持ちは分かります。

　仕事もできる上に、自分の熱中できる趣味も持っていて、週末はおしゃれな自宅で自慢の手料理をふるまう。夫に愛され、可愛い子供たちとの時間も楽しみながら、美も怠らず、仕事と家事を両立する完璧なママ。SNSや雑誌にはお手本としたくなる方がたくさんいるので、自分もそうなりたいと努力しようとするのはもちろん悪いことではありません。

投資女子になるための
ファーストステップ

現在地と目的地を
しっかりセットしよう

変化のための準備をしよう

投資や金融が当たり前にある
生活に変えていこう

投資があなたの選択肢を増やす

でも、「こうあるべき」「全部両立できない自分はダメな人間」と自分を責め続けるくらいなら、「この部分はやらない！」と断ってしまえばいいと私は思います。

SNSで公言していますが、私のネイルはもう何年もフレンチネイルのみです。

季節に合わせてネイルデザインを選んで都度SNSにアップすれば「常にネイルのデザインにも気を配るおしゃれな人」と思わせられるかもしれません。でも私は、どのデザインにしようかなと迷ったり、出来上がったネイルをSNS用に撮影する手間と時間が惜しいので、その部分は「断つ」と決めました。私にとってネイルは清潔感があって、ジュエリーを引き立ててくれる存在であればそれでいいのです。

同様にコスメもずーっと同じブランドの同じ商品を買い続けています。新しいコスメを試したり、もっといいものはないかなと探したりする時間と労力が、私にはとってはもったいないからです。コスメ好きや美容好きの人からしたら信じられないと言われそうですね（笑）。

もちろん、ネイルやコスメが何よりの趣味で、そこを削るなんて生きている意味がないと思うなら、それは大事にしたらいいと思います。

でも、そういう人にも特にこだわらなくていいという部分があると思います。例えば、家事。自分で完璧にしなきゃとプレッシャーを感じるくらいなら、家事手伝いサービスを使えばいいと思います。

食にこだわりがなければ、メニューを固定化してもいいし、週に何度かはミールキットを使うようにしてもいいかもしれません。

ちなみに、私は家で食事を作る時間と手間がもったいないと思うタイプですし、食べるからには美味しいと思えるものを食べたいので、食事ももっぱら外食と決めています。

服も選ぶのが面倒で、行きつけのブランドの担当の方にお任せしていて、担当さんが提案してくれる服から「買う・買わない」を決めるだけにしています。

スティーブ・ジョブズの服装と言えば、黒のタートルネックにジーンズですよね？　彼は服を選ぶ手間と労力をかけたくないため、クローゼットには黒のタートルネックとジーンズしかなかったと言われていま

す。自分の楽しみの分野はいいですが、そうでないところで悩む時間を減らしてみてはどうでしょうか？

　まさに断つものを決めるのです。よく「どれにしようか考えてる」なんていう人がいますが、**それは考えてるんじゃなくて悩んでるだけ！**

　周りの目を気にする人ほど、あれもこれもきちんとしなきゃ、こだわらなきゃと頑張りすぎです。

　大丈夫、周りはそんなにあなたのことを見てないです。あなたの本当に大切にしたい部分は何ですか？　それ以外のことで、断てるものがあれば断ってみてください。きっと人生がとっても軽やかになるはずです。

あなたが絶対にこだわりたい部分や楽しみにしている部分は何ですか？

手放してもいい、断ってもいいと思えるものは何ですか？
また、それをどのように手放しますか？

断つもの	手放し方
例 おしゃれなネイル	毎回フレンチしかやらない

投資女子になるための
ファーストステップ

現在地と目的地を
しっかりセットしよう

変化のための準備をしよう

投資や金融が当たり前にある
生活に変えていこう

投資があなたの
選択肢を増やす

SECTION **07**

他人の夢を
自分の夢にして
いないか

　あれもこれも両立した、すべて兼ね備えた女性になりたいと願う人が陥りがちな【願いが叶わないパターン】がもう1つ存在します。

　「ゴールデンルールで行動しても、一向に願いが叶わない！」というのであれば、もしかするとあなたのその夢はあなたの夢ではないのかもしれません。

　厳密に言うと、あなたが夢だと思い込んでいるけど、あなたの本心はそれを望んでいないということなのです。

　ファッションにはそこまで興味がないあなたが、「素敵な女性はいつでも違うオシャレな服を着ていなきゃ」と目標を立てても、本心では「自分に似合った服が3パターンあればいいや」と考えているため、いつまで経っても目標を達成できるわけがありません。

　世の中にある「いつでも違うオシャレな服を着ているのが素敵」というイメージがいつのまにかあなたの夢にすり替わってしまっているだけなのです。

恋愛に関しても同じようなことが言えます。

私の友人の女性社長はずっと結婚したいと言っていたのになかなかできませんでした。

それがあるとき突然の結婚の報告！

なんと知り合って3か月のスピード婚でした。

彼女に詳しく話を聞いてみると、「今まで付き合った人は経営者ばかりだった。周りの友達がお金持ちの社長と付き合っている人ばかりで、お金持ちの社長と結婚したいと思い込んでいた。

でも、自分もバリバリ仕事をして、経営もしていると、同じタイプである社長の彼氏と結婚して上手く行くイメージが持てなくて、プロポーズされても踏み出せなかった。

だから、私が本当に結婚したい人はどんな人かを見つめなおしてみたの。そうしたら、私が本当に求めているのは、私の仕事に理解があって、私のサポートをしてくれて、安定した職についている、信用力のあるサラリーマンって分かったの！」

本当に自分の求める人が分かり、目標を修正した彼女は持ち前の行動力もあって、「こんな彼氏が欲しい」と決めて1週間後には理想を体現するイケメンとの交際がスタートし、1か月後には同棲。3か月目に入籍と、ものすごいスピードで目標を達成しました。

この話からも分かるように、情報が氾濫する今の時代は、とかく周囲の意見や世間の作った幻想に惑わされやすいのです。

先ほどお話しした100個の夢リストを作ったスタッフにも同じようなことが起きていました。

私には夢が100個も思いつかないので、純粋に疑問で「そんなに100個も叶えたいことがあるの？」と聞いてみたのです。

彼女は「私も100個も思いつかなくて、ネットでほかの人のリストを見たりして、これも叶えたいかもと思いながら意地で100個にしました！」と言っていました。

彼女が必死に作った100個の夢の中で、彼女が本当に叶えたいと思ったものはいくつあったのでしょうか？

結局叶ったのが30個くらいというところに答えは集約されていると

思います。ずっと叶えたいと思っている。期日も決めて、細分化もして、1つに絞ったのにそれでも叶わない。もちろん実現のためには行動することが必要ですが、もし行動ができないとしたら、その原因は「心の底ではそこまで望んでいないから」の一言に尽きます。

では、自分自身が心から望む願いは何なのか？

知りたいですよね？　自分の本当の願いを知るためのコツは、

【リラックスしている環境で自分に問いかける】ということ。

リラックスと言っても、その状態は人によって異なります。

アロマをたいたアジアンなマッサージ店の雰囲気が最高と言う人もいれば、家の布団でゴロゴロしているときが一番リラックスしている人もいるでしょう。

海辺でヨガをしているとき。好きなホテルのラウンジでお茶をしているとき。

どれが正解ということはありません。

あなたが一番リラックスしている状態はどんなときですか？

何をしているときに一番リラックスできますか？

あなたがリラックスできる状況を表す単語を書いてみてください

自分がリラックスできる状態が分かったら、その状態に身を置いて、3つの質問を自分に問いかけてみてください。

何をしているときに幸せを感じますか？

何をしているときが楽しいですか？

私の「これ好き！」を思いつくだけ書いてみてください

　リラックスした状態で考えてみるとどうでしょうか？　いつもと違うことが出てきた方もいると思います。「断つものを決める」「本当の自分の願いを見つめなおす」ワークをした結果、もし、最初に立てた目標が「ラグジュアリーな生活！」だったのに、ここでは「ゆったりしたナチュラルライフが好き」のように願いが変わってきた場合には、1章で出した理想を叶えるために必要な金額も修正してみてください。

　目標達成のゴールデンルールを理解し、使えるようになったら、次はいよいよ投資！　と行きたいところですが、その前にまだやっておくべき準備があります。第3章では、変わりたいというあなたの気持ちを支えるための下準備をしていきましょう。

変化のための準備をしよう

自分の価値観を
確認しよう

支出入の数字（利益）となりたい姿（目標）を明らかにしたことで、あなたが具体的にどれくらいの金額が必要だということが分かったかと思います。

でも、固定給や今のままの自分ではそれは叶えられないということも身をもって分かったのではないでしょうか？

そう、あなたの望みを叶えるためにとるべき手段は投資です！

だからといって、すぐに行動し始めるのは早計。

この時点で投資をしようと、実際に行動をし始めても上手く行かないことが多いのです。

なぜだと思いますか？　あなたがいくら望もうと、目標が達成できない。その理由の1つは前章で見た「他人の夢を自分の夢にしてしまっている」ケースです。

しかし、理由はもう1つあるのです。

まずは、その部分をチェックしてみましょう。

お題にある言葉を見て感じるイメージや、頭に浮かぶワードを自由に
書いてみてください。

「お金」とは？

「投資」とは？

「稼ぐ」とは？

「お金持ち」とは？

あなたはどんなイメージを持ちましたか？　どのような言葉を書き
ましたか？

その価値観に
ブロックが隠れている

　脳科学的には、人は誰でも幸せになるように、夢を叶えられるようにできているそうです。

　厳密に言うと、人間の脳は幸せになるようにプログラムされています。

　もしも、脳が人を不幸にするようにプログラムされていたらどうでしょう？

　楽しみがない不幸な人生を長く生き続けたいと思わず、人類はあっという間に滅んでいたことでしょう。

　お腹が空いて、ご飯を食べれば幸せを感じ、夢や願望を達成できれば満足感を得られ、ぐっすり眠れたら最高！

　私たちは日常生活で幸せを味わえるように脳がプログラムされている生き物なのです。

　しかし、それは逆に、不幸になると思うことはしないようにできているとも言えます。

投資女子になるための
ファーストステップ

現在地と目的地を
しっかりセットしよう

変化のための準備をしよう

投資や金融が当たり前にある
生活に変えていこう

投資があなたの選択肢を増やす

エステサロンを経営する友人に聞いた話なのですが、「とにかく痩せたい」と思っているのに、一向に体型が変わらないお客様がいるそうです。

そういったお客様に「ダイエット」や「痩せる」ことへのイメージを聞いてみると、みんな口を揃えて、「食べたいものを我慢しなきゃいけない」「運動が面倒」「痩せるのは難しい、大変」といった回答をするそうです。

そう、その人たちの脳には「ダイエット＝辛い」というイメージががっつりとイメージされてしまっているのです。

先ほどお伝えしたように、脳は優しいので、持ち主である人間を不幸にしないようにとします。

つまり、辛いであろう食事制限や運動をしないようにしてくれているのです。

これほど、脳にあるイメージや価値観というものは、あなたの行動に大きく影響します。

そして、このイメージや価値観は、12歳までの環境や経験が決めると言われています。

幼い頃、お母さんが「痩せるのなんて簡単よ」「美味しく食べて綺麗に痩せられる」と言うなら、ヘルシーな食事へのイメージは良くなります。

また、小さい頃に何かスポーツをやっていたり、コツコツそのスポーツの練習をやっていたりすると運動や毎日のエクササイズに対する抵抗はなくなります。

そんな風に、物事の価値観やイメージは幼いうちに形成されていくものなのです。

私の言いたいことがだんだん見えてきた方もいるのではないでしょうか？

そう！　お金や投資に関する価値観も12歳までに決まってしまい、もしその価値観が悪いイメージであると、いくらあなたが「お金を増やしたい」「投資家になりたい」と望んでも、脳はあなたを不幸にしたくないので、その変化や行動にストップをかけてくるのです。

日本人は金融教育も受けてきていませんし、とりわけお金に対しての
イメージを悪く持ちがちです。

　幼い頃、両親がお金について揉めた様子を見ていたり、「お金持ちな
んてずるがしこくて強欲な人ばっかり」なんて言っているのを聞いたり
していたら？

　あなたが「社長になっていっぱい稼ぎたい」と幼心に言ったときに「金
儲けのことばかり考えるなんて卑しい」「成功するわけがない」とサラ
リーマンのお父さんに否定されたり、「投資なんて危ない」「コツコツ貯
金するのが一番」という考え方のお母さんに育てられたりしていたら、
どうなるでしょうか？

　間違いなく、お金や投資、稼ぐことへの価値観はいいものではなくな
ります。

　逆に、投資家や経営者に育てられた方にお会いすると、小さいときか
らお金や稼ぐことに対してポジティブなイメージを教わっていたという
ことが多いです。

　それほどまでに、価値観というものは人間の行動を左右します。

　あなたが書いてみた価値観はポジティブでしたか？　ネガティブで
したか？

　ぜひ振り返ってみてください。

投資女子になるための
ファーストステップ

現在地と目的地を
しっかりセットしよう

変化のための準備をしよう

投資や金融が当たり前前にある
生活に変えていこう

投資があなたの選択肢を増やす

SECTION 03

あなたの価値観を
アップデートしよう

「私の価値観、ネガティブでした……私はお金持ちにも投資家にもなれないのかも……」と不安に思っている方、安心してください！

この価値観はアップデートが可能です。

先ほど挙げたエステサロン経営者の友人も、ダイエットにマイナスイメージを持つお客様の価値観をアップデートさせようと試みたところ、多くのお客様が「痩せるのって簡単」と思えるようになり、みるみるうちに理想のボディを手に入れられるようになったと言います。

では、そのアップデート方法とは？

一番簡単な方法は、「ポジティブイメージを持つ人の価値観を聞いて、自分の価値観を上書きする」ことです。

今回、あなたに取り組んでもらった価値観の確認を、私が代表を務める投資女子コミュニティのメンバー 83 名にも協力してもらいました。

すでに投資を始めて、どんどん理想を叶えている彼女たちの価値観を何度も目にしたり、自分自身で声を出して読むことで、あなたの脳に染

みついた価値観はアップデートできるのです。

投資女子たちの「お金」と聞いて思い浮かぶイメージや言葉

人生に選択肢を与えてくれるもの	人生を豊かにするもの
自由	ザクザク
選択肢が増えるもの	チャリーン
周りを幸せにできる	楽しい
好き	色々な経験のチケット
心の余裕・ゆとり	選択の自由を与えてくれるもの
ツール・手段	お金がお金を呼ぶ
好きなことができる	パートナー
好きなものが買える	幸せや楽しみと物々交換できるチケット
安心	夢
他人のために役立つ	楽に暮らせる
縛られない	価値を決める基準になるもの
心配が減る	生活と自分の気持ちを豊かにするもの
自己肯定感を上げられる	嬉しい
あると豊か	大好き
必要なもの	可能性が広がる
老後の為の資産・生活を豊かにするもの	思うがまま
人生	どんどん増えるもの
価値との交換券	憧れ
大切なもの	幸せをどこに配分するか決められる手段

エネルギー	豊かになる手段
人を喜ばせる手段	あればあるほど嬉しいもの
循環させる	あったら便利

　多くの投資女子はお金のことを「自分の人生の選択肢を増やすための
ツール」「豊かさ」をイメージしていることが分かりますね！

投資女子たちの「投資」と聞いて思い浮かぶイメージや言葉

リッチ・豊か・贅沢・お金持ち
81.9%

自由・選択肢が広がる
62.7%

「リッチ・豊か・贅沢・お金持ち」と答えた人が81.9％で最多。
続いて「自由・選択肢が広がる」が62.7％でした。

投資女子たちの「お金持ち」と聞いて思い浮かぶイメージや言葉

自由	羨ましい
選択肢が多い	器が大きい
不可能なことがない	増やす
お金の回し方が上手い	情報
成功者	自己投資

毎日が優雅な暮らしをしていそう	喜び
なんでもできる	感謝
何にも縛られない	先出ししてる
心に余裕・ゆとりがある	寛大
資産家	格好良い
ヘリコプターに乗っている	いろんな経験ができる
賢い	どんな時間もお金で買って解決できる
リッチな生活	人生楽しめている
優しい	時間を自由に使える
値札を見ないでモノやサービスを買える人	お金と付き合うのが上手な人
最低限の生活以上にお金を持っている人	幸せ
豪華	親切
リスペクトする	冷静
様々なことを楽しむ	富
裕福	優雅
自分のやりたいことができる	資産形成をしっかりしてる
得意な事業や仕事を成功させている	複数の収入源を持っている
相手への恩送りができる	ハイブランド
贅沢	ファーストクラスで優雅に旅行
セレブ	港区タワマン最上階でホームパーティ
寄付	エリート
投資	悠々自適

きらびやか	お金の増やし方を分かっている
堅実	ワクワク
頭がいい	心豊か
チャレンジャー	楽しい
与えることができる人	憧れ
やりたいことがすぐできる	上質
エステやサロンなど行けて、綺麗	自分もなりたい
富豪	自由に楽しく色んな選択ができる方々
スマート	豪邸
時間がたっぷりある	外車
好きなことを好きな場所で好きな人とできる	高級時計、鞄、アクセサリーを身につける
資産をたくさん持っている	思い通り
人生豊かに暮らしている人	心が広い

現在地と目的地を
しっかりセットしよう

変化のための準備をしよう

投資や金融が当たり前にある
生活に変えていこう

投資があなたの選択肢を増やす

　お金と同様に、お金持ちに対してのイメージも投資女子たちはポジティブです。

　貧乏な方が抱きがちな嫌なイメージがないので、脳も「なりたい」と心から思えるようになります。

投資女子になる準備① 環境を整える

　実際に投資で上手く行っている、資産形成を進められている投資女子たちのリアルな頭の中を見てきましたが、これをどれだけ読んで脳に入れても、アップデートが上手く行かないケースもあります。

　それは今のあなたの環境がカギを握っています。

★ お金の相談をしてもいい人・いけない人

　あなたはいざ投資をしよう、お金を増やそうと行動するときに、誰に相談しますか？　実は、この相談相手を誰にするかというポイントが、その後を左右すると言っても過言ではありません。

　私が投資で上手く行ったのも、若い頃から相談相手を見極めるのが上手かったというのが大きな要因だったと思います。

　私は、若い頃から、お金や投資の相談をする人は、「その分野で上手く行っている人」だけにしていました。

　当然、やっているけど上手くいっていないという方には相談しませ

投資女子になるための
ファーストステップ

現在地と目的地を
しっかりセットしよう

変化のための準備をしよう

投資や金融が当たり前にある
生活に変えていこう

投資があなたの選択肢を増やす

ん。やっていない人なんてもってのほか！

　また、お金や投資関係だと、「自分はやっていないのに商売でそれを売る業者（不動産屋や保険屋）」とも出会う機会は増えますが、そういった人のアドバイスは絶対聞きません。

　お金持ちになれない人が相談相手として選びがちなのが、親や恋人といった「身近にいる」人。

　親御さんやパートナーが投資で成功していたり、資産をどんどん増やしたりしているというのであれば、全く問題ないのですが、たいていは「投資なんて危ない。怖い。止めた方がいい」とやりもしないで頭ごなしに否定しているような人ばかり。

　もしくは自分が失敗したから二の舞にならないようにと止めてくるパターンです。

　実際に、投資女子コミュニティでも過去に数名それが原因で辞めた方がいました。

　入金まで終わって、いざ投資スタートというところで、

「親が反対したので、やっぱり辞めます」

「旦那がダメだというので、入金したお金を返してもらいたいです」

と投資そのものを諦めてしまうのです。

　また、アラサー女子にありがちなのは、ただ仲が良いというだけの友人を相談先にするケース。

　まだまだ資産形成や投資を実践する女性が少ない世の中。

　この場合もたいがいは、投資をしたこともない友人に「きっと騙されてるよ、やめときなよ！」と反対されて、「そうかも…」と不安になって行動できずに終わります。

　あなたは、学生時代からの古い友人や会社の同僚と、お金や投資の話ができますか？

　もし、できないのであれば、それは相談相手としては適切ではないでしょう。

　私は地元にいる友人にお金の相談をすることは一切ありません（そもそも、地元に帰って遊ぼうと思える子は1人だけ。その子とすら、会うとしても1〜2年に1度くらい）。

お金のことだけではありません。

　恋愛もダイエットも仕事も、何を相談するにしても「実際にやっていて、上手く行っている人」に相談する。

　それが成功のカギです。

★周りの5人がどんな人かを書き出してみよう

　あなたの環境がどのようなものであるかを、別の方法でも明らかにしてみましょう。

　ジム・ローンという人物を知っていますか？

　彼はアメリカでセールスマンとして活躍した後、一流企業のコンサルタントとして活動し、若干31歳で億万長者となる大成功をおさめた人物です。

　ジム・ローンの名言は今も世界中の成功者に影響を与えていると言われます。その1つが

あなたは最も一緒に過ごす時間の長い5人の友達の平均になる

というもの。

　早速、あなたが多くの時間をともにしている5人を思い浮かべて、どのような人かを書き出してみましょう。

投資女子になるための
ファーストステップ

現在地と目的地を
しっかりセットしよう

変化のための準備をしよう

投資や金融が当たり前にある
生活に変えていこう

投資があなたの選択肢を増やす

多くの時間を一緒に過ごしている 5 人を書き出してみよう

名前	関係性	収入・資産	性格
例 投資花子	上司	年収800万円 資産は分からない けど貯金は300万 円と言ってた	明るく、頼もしいけ ど、私のアイデア を否定しがち

書けたでしょうか？

お子さんがいる専業主婦ならご主人やママ友などが多いかもしれません。

収入や資産面は推測でもいいので、とりあえず埋めてみましょう。

この5人を見てみてどうですか？　もしこの5人の平均になるのに不安や不満があるのであれば、あなたの環境を見直す必要があるかもしれません。なぜかというと、この5人にあなたの未来が左右される可能性が高いからです。

あなたが才能もあって、モチベーションが高い人物だとしても、付き合う人たちが頑張ることを馬鹿にしてくるような意欲の低いタイプの人だったら、どうなるでしょう？

きっと、あなたもその影響を受けて段々やる気を失うようになってしまったり、そんな人たちと一緒にいることがストレスになりメンタルや体調を崩したりしてしまうでしょう。

逆に、自分に自信がなかったり、引っ込み思案だったりするようなタイプの人でも、仕事で付き合う人たちがポジティブで頑張るタイプの人ばかりになり、褒めてもらったり認めてもらうことが当たり前の環境になったらどうでしょう？

周りに影響を受けて自信をつけたり、頑張れるような人に変化するということはよくあるパターンだと思います。**人は想像以上に周りの人に、環境に左右される生き物です。**

このように、周りにどんな人がいるかを客観的に知り、誰と付き合っていくか決めていくということは非常に重要だと言えるのです。

女性は男性よりも、年を経るごとに交友関係がアップデートされる生き物です。結婚するタイミングや子供を産む年。世帯年収や自分自身のキャリア・収入によっては話が合いづらくなるからです。

でも、私はそれでいいと思います。昔の縁に固執することはありません！　お金のイメージと同様に、友人関係もアップデートしていきましょう。投資女子コミュニティのメンバーも、入会当初は昔からの友達や会社の同期が仲良しという人がほとんどでした。

しかし、同じ投資をする仲間とどんどん交流するようになり、今まで

付き合っていた友人たちよりもコミュニティで友達になった人といる方が心地良くなっていくというパターンが本当に多い。

お互い投資をやっているし、自分より先に投資をしていて確実に資産を増やしているような人ばかりなので、当然お金や投資のことも相談しやすく、結果としてどんどん行動できるようになり、自分自身も投資女子として成長・変化していくのです。

★お金持ちがいそうな場所やコミュニティは？

あなたが投資家として歩んでいきたいなら、行動をしたいなら、まずやるべきは環境を整えることであると分かってもらえたでしょうか？

そうなると、次に出てくる質問は「どうしたら成功している投資家やお金持ちと知り合えますか？」になるでしょう。

実際、私も過去に何人もの方に「彩乃さんはどうやってお金持ちと知り合ったんですか？」と聞かれました（笑）。

私は前職が広報ということもあり、仕事柄、会社の上層部の方や社長と知り合える機会はたくさんありました。

しかしそれ以外にも、お金持ちばかりがいるという場所やコミュニティは確かにあります。

例えば、Twitter の株研究会。

数年前に株式投資に熱中していたときに、Twitter にいるトレーダーの方ばかりが集まるという交流会に参加したことがあります。そこにいた 8 名は皆さんド級の株式トレードマニア！

全員 5 千万〜 1 億円を株に投げていて、何十億もの大金を日夜動かしているお金持ちです。

ほかにも、夕食を食べているときに隣り合った席の方がものすごい地主だったり、本を何冊も出されているようなその界隈では知らない人はいない有名人ということもあります。有名ユーチューバーや投資家が同じマンションに住んでいて、すれ違ったり軽くお話ししたりということもしばしば。

独身時代に恋愛マッチングアプリをやっていたのですが、そこでも資産家の方とマッチングすることは多々ありました。

SNSやアプリ、ネット検索も発達している今の時代、お金持ちの方と出会うこと自体はそこまで難しくはありません。

　しかし、重要なのは【どこで出会うか】ではなく【どうやって知り合いになるか】です。

　出会ったところで、ただ挨拶して終わりなんて全く無意味です。

　お金持ちの方と出会ったときに、問われるのは【あなた自身にどれだけの価値があるか】【何ができる人間であるか】という点です。

　ものすごいキャリアがあるとか、スキルがずば抜けているとか、芸能人級の容姿をしているとか、そこまで求められることはありません。

　株や資産運用などのマニアックな分野となると、自分もある程度知らないといけないかもしれませんが、仮に知らなくても、傾聴力と素直さと行動力があればカバーできる場面も多いです。

　お金持ちの人にとって「この子には色々教えるのが楽しい」とか「一緒にいると面白い」と思ってもらうのは大切です。

　自分の知識や経験に自信がないという方でも、素直でリアクションが良くて、元気いっぱいなら、一緒に過ごすと心地良く思ってもらえて、お知り合いになれる可能性は上がるでしょう。

　私の仲の良い友人にお金持ちにとにかく好かれる子がいますが、彼女はものすごく話が面白い！　場の盛り上げ方も上手ですし、お金持ちの方の懐に入るようなトークがぽんぽん出てくる。

　彼女といると楽しいので、当然、お金持ちの方は彼女としょっちゅう会いたくなるのです。

投資女子になるための
ファーストステップ

現在地と目的地を
しっかりセットしよう

変化のための準備をしよう

投資や金融が当たり前にある
生活に変えていこう

投資があなたの選択肢を増やす

SECTION **05**

自分の魅せ方が分かる
女性は富裕層との
人脈を手に入れられる

　私自身、20代前半はものすごい学やスキルがあるわけでも、大金を
持っているわけでもありませんでした。外見に気を付けてはいましたが、
周りにモデルやグラビアアイドルの子もゴロゴロいる世界にいたので、
それが突出したアドバンテージにはなりませんでした。

　それでも、お金持ちの方と交流できたり、恋愛に発展することができ
たのは、私自身のプロデュース方法が秘訣だったのではないかと思いま
す。当時、私は会社員として広報の仕事をしていました。

　芸能人や港区女子がたくさんいる中で、"会社員"は意外にもウケが
良かったです。

　実際、私はほかの女性たちと差別化するために、自分の立ち位置や
役割を自己分析したり、着ている服や髪形も会社員っぽいものにしたり
と、自分の最も良いアピール方法を熟知した上で行動していました（そ
ういったことも全然苦ではなく、楽しんでいましたし♪）。

　広報の仕事も好きだったので、経営者の方とはしっかり話も合わせら

れましたし、いい質問も良くできていたうえ、常に経営者の方のお話を
メモ書きしていたので、好印象だったようです。

　パパ活、港区女子、婚活、と様々な目的で、港区には女性が集まって
いましたが、本命となる女性たちは**【自分は何ができる人間であるか】**
を客観的に分析し、きちんと考えて行動していました。**【あなた自身に
どれだけの価値があるか】**という点と同じくらい重要なのは**【場所】**です。

　どんなに牙を研いだライオンでも、シマウマがいない草原で獲物を
待っていては、永遠にお肉にはありつけません。

　それと同じで、あなたがどんなにスキルを磨き、自分自身の魅力を高
めても、行く場所にお金持ちがいなければ仲良くなりようがないのです。

　お金持ちとの出会いを狙う女性たちはさながらハンターのようです。

　お金持ちをゲットする女性たちは、SNSを念入りにチェックして、
目当てのお金持ちの方がよく行くスポットを探したり、興味のあること
を事前にリサーチしたり。

　お金持ちがいる会員制のバーで"ハンティング"して見事、結婚した
子もいます。お金持ちと出会うには、待つだけではなく、狙いを定める
ことが必要です。

　そして、自分の出会いたいタイプのお金持ちがどこにいるかを調べ
て、実際にそこに行く行動力や勇気も必要です。

　【自分は何ができる人間であるか】を知り、**【狙う相手のいる場所】**へ
行く――地道な努力と準備こそが、お金持ちと仲良くなる秘訣だと言え
るでしょう。

投資女子になるための
ファーストステップ

現在地と目的地を
しっかりセットしよう

変化のための準備をしよう

投資や金融が当たり前にある
生活に変えていこう

投資があなたの選択肢を増やす

SECTION **06**

お金持ちに
愛される女性は
どんな人？

　お金持ちの男性と知り合いたいという女性の中には、あわよくば玉の
輿を狙っている方も多いかと思います。

　少し話が脱線しますが、玉の輿の乗り方に興味があるというDMも
たまに来るので、お話ししておこうと思います。

　ドラマや漫画では、偶然お金持ちの男性に出会って、その人に一目ぼ
れをされるなんてお話がよくありますよね？

　「そんなこと滅多にない」「それはフィクションだからでしょ」なんて
思う方もいるかもしれません。しかし、私は婚活業界で仕事をしていた
経験があり、そういった女性をたくさん見てきたので、普通にあり得る
ことだと思っています。

　お金持ちに好かれやすい子というのは確実に存在しています。

　でも、そんな風にお金持ちに見初められる子は昔からそういうタイプ
なのです。

　もし、あなたが今まで生きてきた数十年間で、そういった【偶然出会っ

たお金持ちに愛されるようになる】という経験が一度もないのであれば、これから先も 99.9% そういうことは起こりません！

酷なようですが断言できます。

なので、もしかしたらこれから先そんなドラマチックなことがあるかもと夢を見ているなら、すぐに自分を見つめなおす必要があります。

確かに、世の中にはそういう漫画のような経験をしている人もいます。私の仲の良い友達はなぜだかお金持ちの方に好かれるタイプで、若い頃から何人もの資産家が彼女に求婚していました。

中には、まだ付き合えてもいないのに、彼女にプロポーズするために離婚してきたという強者も。

アラフィフの女性経営者 A さんはとにかくエイジレス美人で、女性である私から見ても魅力的な方なのですが、通りすがった有名企業の会長が思わず道を戻って話しかけてきたというエピソードを話してくれました（その後お付き合いに至り、溺愛されているようです）。

このように、お金持ちに愛される子は若い頃からそういった経験をしていますし、年を重ねてもお金持ちに愛されます。

「でもその A さんといい、そうやって選ばれる女性って生まれつき美人とかスタイルがいいんでしょ？」と思っているのなら浅はかです。

はっきり言って、「ただ若くて可愛い」だけではお金持ちと出会うチャンスは増えたとしても、その後を活かせないからです。

若い頃に、いわゆる港区女子と言われるような女の子をたくさん見てきましたが、「ただ若くて可愛い」だけの子は、遊ばれることはあっても、本命に選ばれることもなく、当然結婚相手になることもありませんでした。

だからと言って、美しさを諦めてしまっては、そもそものチャンスをつかめません。

「綺麗でないとチャンスは来ないが、綺麗なだけではチャンスをモノにできない」これが真理です。

では、どういう女性が選ばれているかと言うと、一言で表すなら「生命力の強い女性」です。

先ほどのアラフィフ女性経営者の方は、芸能人に負けないくらいスタ

イルもいいですし、顔だちも整っています。

　でも、綺麗とか可愛いという容姿を抜きにしても、とにかく明るく、元気で、エネルギッシュで、パワフルなのです！！

　例えるなら太陽のような方。

　一緒にいると元気になり、自然と笑いが出てくるような楽しさがあります。

**　美人や可愛いという以前に、生命力が強い女性はお金持ちに愛されます！！**

　私は外食をしていると、隣に座っている方と仲良くなることがよくあるのですが、お金持ちの方が連れている奥様やパートナーは、全員がスタイルや顔立ちが特別ずば抜けているかというと、そんなことはありません。むしろ普通な感じの方が多いです。

　しかし、皆さんとにかくポジティブでイキイキとされている！

　そして、とても気遣いが上手で、旦那さんがお金持ちになるのも当然と思わせるような魅力にあふれています。

　容姿は優れているに越したことはありませんが、若さという武器は確実に失われるものです。

　どれほど医療技術や化粧品が進化しようとも、美しさは永遠ではありません（年を重ねればにじみ出てくる美しさもありますが、若さに伴う美は有限）。

　若さや美しさ以上に大切なのはほとばしるような生命力です。

　生命力がみなぎっている魅力的な女性は、立っているだけでお金持ちに見初められます。

　ここで１つワークをしていきましょう。

　２章であなた自身の外見を自己採点してもらいましたが、覚えていますか？　あなたはあなた自身に何点をつけましたか？

41ページに戻ってチェック

私の外見は100点中…

点 / 100点

【外見 70 点未満の人】

　生命力の強さが選ばれる最終的な理由だとしても、そもそも目に留まるためには、整った外見は必要です。

　整った外見というのは生まれ持っての顔立ちということではなく、

- ☑ 髪や肌、爪先、歯など細部も綺麗にしているか
- ☑ 服装やメイクなど、女性らしい魅力が出ているか
- ☑ きちんと身だしなみをしているか

といった努力でどうにかなる部分です。

　ここで自己評価が70点未満、「正直あまり外見には手をかけていない」と思うのであれば、当然自分磨きの必要性が出てきます。

　十分綺麗で頑張っているのに「理想からは程遠い」「自分なんてまだまだ」と思って低めの点数にした方もまた要注意！

　謙虚で向上心があるとも取れますが、「自己肯定力が低い」「自信が持てない」方とも言えます。

　そういう方はパワフルさやエネルギッシュさに欠けるので、お金持ちの男性からは敬遠されます。もっと自己肯定力を上げていきましょう！

【外見 100 点なのに理想の男性に告白されたことがない人】

　100 点でこれまで見初められた経験がないのであれば、それはあなたの自己評価が間違っているか、よっぽど外出していないかのどちらかです。仮にみんなが 100 点満点をつけるような美女にもかかわらず、お金持ちの方に惚れられた経験がないのであれば、それこそ生命力や内面から出る魅力が足りない可能性が高いです。

　美人でも薄幸そう、自信がなさそうな女性は残念ながら本命としては選ばれません。

　美人なのに見初められないのであれば、内面にフォーカスし自分を磨いていくことが重要です。

　誰かに依存しようという、他力本願の人は選ばれないと肝に銘じておいてください。

投資女子になるための
ファーストステップ

現在地と目的地を
しっかりセットしよう

変化のための準備をしよう

投資や金融が当たり前にある
生活に変えていこう

投資があなたの選択肢を増やす

SECTION **07**

生命力を上げる
秘訣とは？

　ここまでお話ししてきたように、とびきりの容姿の持ち主だとしても、それだけを理由に理想の男性をゲットできる可能性は低いです。

　芸能人級のルックスがないと言うのであれば、なおのこと外見以外の魅力が必要となってきます。

　2章では、外見だけでなく、あなたの内面とスキルについても自己採点してもらいました。ぜひ一度見返してみてください。

41 ページに戻ってチェック

私の内面は100点中・・・

点 / 100点

私のスキルは100点中・・・

点 / 100点

　もし、どちらにも高得点をつけられなかったからといって、特別な資格や勉強をする必要はありません。

- ☑ もっとコミュニケーション能力を磨く
- ☑ いいリアクションができるようにする
- ☑ 報連相のスピードを上げる
- ☑ みんなが知らなそうだけど興味がありそうな話題を面白く伝えられる練習をする
- ☑ 自分の得意な分野を伸ばしてみる
- ☑ いつも元気でポジティブなマインドにする

など、できるところから始めてみましょう。

仮に、十分性格もいいし、キャリアもスキルもあるのに、自分に自信を持てなくて自己評価を上げられないという方は、自己肯定感を高めるワークを毎日してみてください。毎日

1. 自分の良いところを３つ（同じことは二度は書かない）
2. 今日１日で良かったことを１つ
3. 今日１日で感謝したいことを１つ

を書き出してみてください。

続けることで脳が良い出来事やポジティブな感情にフォーカスできるようになり、自己肯定力が上がったり、雰囲気や表情が明るくなっていくはずです♪

【人生を楽しんでいる感じ】というのは非常に重要なポイントです。

お金持ちに選ばれる女性には**【生命力が強い】**とお伝えしましたが、私の周りにいる生命力が強い方は、みんな人生を心から楽しんで過ごしています。

年齢や持っている資産の量は関係なく、どんなことにも興味を持ち、くじけそうなことがあってもめげずに笑い飛ばして、前に進んでいくので、何をしていても楽しそうに見えます。

そういう人は当然周りの人にも好かれますし、他人を巻き込むパワーがあるので、仕事でも何でも上手く行きます。

こういう方は無人島で遭難しても、楽しそうにサバイバルできる人で

投資女子になるための
ファーストステップ

現在地と目的地を
しっかりセットしよう

変化のための準備をしよう

投資や金融が当たり前にある
生活に変えていこう

投資があなたの選択肢を増やす

す（笑）。

　生命力を出したいなら、【悩まない】【人生を楽しむ】　それだけです！

あらゆることを楽しむ精神で行く人には必ず生命力があふれ出てきます♡

投資女子になる準備②
信頼力を上げる

　環境を変え、お金持ちとも知り合えるようになったとしても、それで
準備は万全とは言えません。

　最後にやっておかなければならないことがあります。

　それは、あなたの信頼力を上げるということです。

　資産が数百万円はあるという方は平均以上の貯金額でしょうし、素晴
らしいと思います。しかし、本物のお金持ちと交流したり、彼らの紹介
してくれる投資案件に乗るには、現時点ではお金が足りないと言えるで
しょう。

　その状態では、せっかくお金持ちと知り合いになれてもチャンスを逃
してしまいます。

　また、その場しのぎの愛され力だけでは、お金持ちの懐に入ることは
できません。

　お金持ちは、信頼できる人にしか"おいしい情報"を教えてくれない
ものです。

投資女子になるための
ファーストステップ

現在地と目的地を
しっかりセットしよう

変化のための準備をしよう

投資や金融が当たり前にある
生活に変えていこう

投資があなたの選択肢を増やす

そう、あなたがやっておくべきは信頼力を上げる練習です。

もし、あなたが

☑ 待ち合わせによく遅れる
☑ 約束をすぐリスケする
☑ 仕事で報連相を怠りがち

といったことをしているのであれば、他人からの評価や信頼力は低いと思いましょう。

そんな「ルーズそう」「すぐ約束を破りそう」な人には、チャンスは訪れません。

また、アドバイスを聞き入れない人にもチャンスは訪れません。

「この人には言ったところでどうせやらないだろうな」と判断されるからです。

これもまた信頼力が低いと言えます。

人の心をつかむために、複雑なことや大層なことをする必要はありません。

大切なのは、「素直に、相手が予想できないスピードで行動すること」です。

あなたが教えたオススメコスメをその日のうちに買って、使う友人がいたら、嬉しいですよね？

1週間以内に提出の仕事を任せた部下が翌日に提出してきたら感動しませんか？

スピードと反応（レスポンス）はあなたの信頼力をグッと引き上げます。

とはいえ、それは意識してもなかなか身につかないもの。

そこで、素直に行動し、信頼力を上げるためのプチワークをやっていきましょう。

★信頼力を上げるためのプチワーク

1. お近づきになりたい人にオススメの本を聞く

さんに聞く	本のタイトル:

▼

2. 聞いたその場で購入（Amazonなど）＆その場で注文完了画面を見せる

購入日:

▼

3. 届いたら「届きました♪ 今から読みます」的な報告

報告日:

▼

4. 届いたその日以内に読む（重要なところだけでも）

読んだ日:

▼

5. 読み終わったその日に感想を送る

感想を送った日:	相手からの反応:

このワークには、
「アドバイスを聞き入れる」という素直さ、
「予想できないスピードでやる」という感動、
「きちんと報告してくれる」という信頼性、
3つを育む要素が詰まっています。
これを1度だけでなく、色々な人に対してやってもいいですし、
別のこと（オススメの○○を教えてもらう）に応用してもいいです。

投資女子になるための
ファーストステップ

現在地と目的地を
しっかりセットしよう

変化のための準備をしよう

投資や金融が当たり前にある
生活に変えていこう

投資があなたの選択肢を増やす

何度もやればやるほど、あなたは自然と信頼される人間になります。

こういったスピードと報告癖がつくと、仕事にも活かせますし、上司からも可愛がられる存在になれます。

私の会社にもたくさんのスタッフがいますが、報告が上がってくる子には「ちゃんとやっているんだな」と思え、評価がしやすいです。

信頼力を上げると、褒められたり評価される機会も増えるかと思います。そのときには、リアクションにも気を付けてくださいね。

せっかく評価したり、誘ったりしたときに、リアクションがなかったり、喜びが伝わらなかったりするリアクションは NG。

リアクション上手は、仕事に関係する人からも、友人からも、お金持ちからも好かれます。

信頼力を上げて、お金持ちになるチャンスをどんどん増やしていきましょう！

CHAPTER 4

投資や金融が
当たり前にある生活に
変えていこう

いよいよ本題！
投資が当たり前の
生活に変えていこう

　3章までは投資女子になるための目標設定や変化への準備についてお話ししてきました。

　4章は最終段階として、あなたの生活に投資や金融が当たり前に存在するようにしていきましょう。遠回りと思われるかもしれませんが、投資やお金についての教育を受けずに来た日本人はそういったものへの抵抗が強いので、急に変化しようとすると途中で挫折してしまうのです。

　ホメオスタシス（恒常性）という言葉を聞いたことはありませんか？これは生存に適した一定範囲内に保持しようとする人間の性質を指します。言い換えると、心理的に居心地のいい、ストレスのない状態（コンフォートゾーン）に人間は常に居ようとする働きがあるということ。つまり、人は今と違う状態になりたがらない生き物なのです。

　ダイエットでも生活習慣でも、急にガラッと変えようとすると長続きしませんよね？　それはあなたの意志が弱いわけではなくて、人間の本質的な性質なのです。

投資女子になるための
ファーストステップ

現在地と目的地を
しっかりセットしよう

変化のための準備をしよう

投資や金融が当たり前にある
生活に変えていこう

投資があなたの選択肢を増やす

　投資やお金については、これまでの価値観や理解度によってはホメオスタシスからの反発が強いので、焦らずじっくりと生活を変えていく方が良いのです。まさに急がば回れ♡　徐々に投資が当たり前の生活に変えていきましょう！　4章では合計9個のワークに取り組んでいただきます。1日にいくつもやる必要はありません。毎日1個のペースで確実に進めていきましょう。9日後にはぐっと投資やお金が身近なものに感じられるようになるはずです。

▶ 実践ワーク①　給与明細を見てみる

　あなたは毎月給与明細をもらっていますか？　自営業の方は別ですが、会社員の方やパートをされている方は必ず給与明細をもらっているかと思います。あなたは、自分の手取額はいくらで、税金や保険にどれくらい払っているかすぐに言えますか？　誰もが手にしたことがあるであろう給与明細、ですが、その内容をきちんと把握している人は意外と少ないものです。給料の内訳を理解することは、今後の働き方や転職を考えるときのリスク管理にも役立ちます。お金に親しみを持ってもらうためにも、まずは一番身近な存在をしっかり知っていきましょう。

2021年12月　給与明細書				投資 花子様	
	2021年12月25日支給		株式会社ヴィーナスマネークラブ		
勤務	労働日数	欠席日数	有給日数		
	19日	0日	1日		
支給	基本給	役職手当	残業手当		
	300,000	150,000	50,000		
	通勤費				支給額合計
	10,000				510,000
控除	健康保険	介護保険	厚生年金	雇用保険	社会保険計
	24,750	3,925	45,750	1,530	(75,955)
	所得税	住民税			控除計
	12,000	20,454			108,409
	差引支給額		401,591		

<給与明細書の一例>

99

「勤務」の部分は、出勤日数などに間違いがないかを確認するだけで
OK。注視するべきは「支給」と「控除」です。

【 支　給 】

　基本給と各種手当が記載されています。基本給とは、基本となる賃金。
ボーナスはこの基本給をベースに計算されることが多いです。各種手当
とは、役職手当や残業手当、交通費、資格手当など基本給に加えて支払
われる賃金で、会社によって異なります。各種手当は、会社の業績が悪
化したらカットされる可能性もゼロではありません。

私の基本給

円

【 控　除 】

　続いて「控除」です。控除とは「給与から差し引かれるお金」のことで、
各種税金や年金保険料、積立金、健康保険料などが記載されています。

★健康保険

　医療費の原資となる健康保険は「標準報酬月額（4・5・6月の総支
給額の平均）×保険料率」で計算します。これを会社と折半で納付しま
す。つまり、4・5・6月に残業などで総支給額が増えてしまった人は、
翌年の保険料の金額が増えてしまうということ。もし、残業代を自分の
努力で減らせるならこの3か月は特に注意した方がお得です！

★介護保険

　介護保険とは、高齢になり介護が必要となった場合の費用負担に備え
るための公的な保険制度。介護保険料の徴収は40歳になると始まりま
す。20〜30代の方は控除されませんが、間違えて天引きされていな
いか念のために確認しておきましょう。

投資女子になるための
ファーストステップ

現在地と目的地を
しっかりセットしよう

変化のための準備をしよう

投資や金融が当たり前にある
生活に変えていこう

投資があなたの選択肢を増やす

★ 雇用保険

　雇用保険は、失業保険とも呼ばれます。失業したときに、問題なく生活が送れるように必要な給付を受けられる制度です。雇用保険料は会社と労働者の双方が負担しますが、折半ではなく、会社が多く支払うようになっています。この点が社会保険料や厚生年金保険料とは違う点です。

　事業の種類によって保険料率が変わるのですが、その種類は3つのみで、次のように分類されます。

①一般の事業　②農林水産・清酒製造の事業　③建設の事業

　失業給付の可能性が高いので、「農林水産・清酒製造の事業」と「建設の事業」の保険料率は、「一般の事業」の保険料率に比べると高く設定されています。

★ 厚生年金

　将来の年金の原資となる厚生年金保険の保険料も、健康保険料と同様に「標準報酬月額（4・5・6月の総支給額の平均）×保険料率」で計算します。これを会社と折半で納付します。つまり、4・5・6月の給与が高いとここでも多く取られてしまうということ。

　厚生年金の保険料率は、2012年から段階的に上がってきていましたが、2017年9月以降は18.3％で固定されています。将来的には保険料率が上がり、天引きされるお金が増える可能性が高いです。

★ 住民税

　所得税と住民税は、1年間の所得に対してかけられる税金で、所得額に応じて控除される金額が変わるというのは同じなのですが、納める先が異なるというのは知っていますか？　所得税は国に納める「国税」で、住民税は地方に納める「地方税」です。納める先が違うため、その税額も別々に計算され別々に徴収されているのです。

　そして、もう1つの違いは納税時期です。所得税は、その年の1月から12月までの所得から計算されますので、税額を決める所得額はそ

の年が終わらないと確定することができません。一方、住民税は前年の所得をもとにした住民税決定通知書が6月ごろに交付されます。

　つまり、前年のお給料が住民税に反映されるのは6月です。転職して給料が下がった場合、住民税の負担が大きく感じる可能性がありますので、先を見越した対応を取りたいものですね。前年にふるさと納税やiDeCoなどの減税対象となる制度を利用している方は6月以降の住民税にきちんと反映されているかチェックしましょう。

★ 所得税

　所得税は、所得に応じて段階的に税率が上昇していく「超過累進税率」が適用されます。つまり、所得が高くなるとその分税率も高くなるということです。所得税は、収入のすべてに課されるわけではなく、必要経費や所得控除などを差し引いた額で税額を計算します。さらにその税額からは、所得金額に応じて一定額が控除されます。

所得税の速算表

課税される所得金額		税率	控除額
195万円以下		5%	0円
195万円超	330万円以下	10%	97,5000円
330万円超	695万円以下	20%	427,500円
695万円超	900万円以下	23%	636,000円
900万円超	1800万円以下	33%	1,536,000円
1800万円超		40%	2,796,000円

意外と知らない給与明細の読み方、いかがでしたか？
今の気持ちを素直にメモしておきましょう。

給与明細を確認してみた感想

▶ 実践ワーク②　CIC を取り寄せてみる

CIC という言葉をご存じですか？

CIC とは、クレジット会社の共同出資により昭和 59 年に設立され、割賦販売法および貸金業法に基づき指定を受けた唯一の指定信用情報機関です。

百貨店、各種クレジットカード会社、保険会社、銀行、消費者金融会社、携帯電話会社などが加盟していて、消費者のクレジットおよび消費者ローンに関する信用情報（個人の属性・契約内容・支払状況・残債額など）を加盟会員である会社などから収集し、加盟会社からの照会に応じて情報を提供しています。

つまり、CIC を見ると「あなたがどんな人間であるのか、どれほど信用力のある人間なのか」が分かるというわけです。

過去にうっかり数回、携帯料金やクレジットカードの請求に対応できず、後から支払ったなどの記録も全部丸分かりになってしまうのです。

この CIC、普段の生活ではあなたには全く関係ないことかもしれません。しかし、もしこれからあなたが不動産投資をしたいと考えているのであれば、避けては通れない部分です。

投資用にせよ、マイホームにせよ、不動産を購入するとなればほぼ全員が銀行から借り入れを起こします。

あなたが「借りましたけど返せません」という人だと、銀行は貸し損になってしまいますよね？

それを防ぐためにも、銀行はあなたの信用力をしっかりチェックします。その際に使われるのがこの CIC なのです。

2年前にうっかり支払いミスが何度かあったことを忘れて、いざ不動産投資をしようとしたらCICが汚れていてできなかったという方もざらにいます。

　「私、何回も未払いが発生しているから、一生不動産買えない！？」と不安になった方、安心してください。CICは過去5年間のデータしか残りません。

　さらに言うと、銀行がチェックするのは過去3年分のことが多いです。なので、うっかり未払いの過去がある方でも、その未払いの時期から3年経過していれば、綺麗な状態に戻れるのです。

　実際に、私の知り合いの男性投資家がいざ不動産投資をしようとCICを取り寄せてみたら、過去の未払いが原因で銀行からお金を借りることができず、CICが綺麗になるまで2年間待ってから不動産を購入したというケースがありました。

　彼は今や投資用不動産を3軒も持っている立派な不動産投資家ですが、そのブランクの2年間がなければ、もっと良い不動産を買えていた可能性もあります。

　もし、あなたが今不動産を買えるステータスではなかったとしても、数年後には買える可能性は大いにあります。

　そのときになって、CICのせいでまた数年待たなくてはいけなくなってはもったいないですよね？

　今すぐ不動産を買える・買えないは別として、今のうちに自分自身の信用度を把握しておくことはとても大切です。若干の手数料や手間はありますが、それ以外にデメリットはありません。

　では、早速、CICを確認してみましょう。

投資女子になるための
ファーストステップ

現在地と目的地を
しっかりセットしよう

変化のための準備をしよう

投資や金融が当たり前にある
生活に変えていこう

投資があなたの選択肢を増やす

【CIC の取り寄せ方】

　①インターネット請求　②郵送での請求　③窓口での請求　の３つの取り寄せ方法があります。

	① インターネット パソコン、スマートフォンで確認する方法です	② 郵　送 必要な書類を郵送し、「開示報告書」を取り寄せる方法です	③ 窓　口 CICの窓口に行き、「開示報告書」をもらう方法です
即日回答	○		○
自宅でできる	○	○	
土日・祝日・夜間OK!	○		
手数料	1000円	1000円	500円
必要日数	毎日 8:00〜21:45	申し込みから 1週間〜10日で 発送	平日 10:00〜12:00 13:00〜16:00 その場でお渡し

CIC では、下記のような情報を知ることができます。

	クレジット情報	申込情報	利用記録	参考情報
登録情報	・契約した会社名 ・氏名 ・生年月日 ・電話番号 ・契約の内容 ・契約年月日 ・契約額 ・請求された額 ・入金した額 ・残高 ・返済の状況 ・入金の状況 　　　　　など	・申し込んだ会社名 ・氏名 ・生年月日 ・電話番号 ・確認した日 ・契約予定額 ・申し込んだ 　商品の内容 　　　　など	・利用した会社名 ・氏名 ・生年月日 ・電話番号 ・確認した日 ・確認した目的 　　　　など	・氏名 ・生年月日 ・電話番号 ・申告した内容 ・コメント 　　　　など

すぐに開示結果を確認したい方はインターネットでの請求がオスス

メです！

　CICは誰でも開示請求ができますが、確認できる情報は本人の情報のみです。たとえ家族であっても自分以外の人の情報は確認できません。夫や彼氏のCICを見てみたいと思ってもできませんのであしからず♡

　CICを取得したら、このポイントを押さえてチェックしましょう。

　色々書いてありますが、チェックポイントは2つです。

【POINT ① 貸金業法の登録内容】

35. 確定日	令和2年2月10日
36. 残高	200,000円
（内キャッシング残高）	50,000円
37. 契約額	
38. 極度額	300,000円
（内キャッシング残高）	100,000円
39. 商品名	キャッシング付き
40. 貸付日	令和元年10月20日
41. 貸付額	60,000円
42. 出金額	30,000円
43. 最新支払日	令和元年11月10日
44. 次回支払い予定日	令和元年12月10日
45. 遅延有無	元本利息
46. 担保・保証人有無	担保：無　保証人：無
47. 終了状況	

【貸金業法の登録内容】とは、貸金業法にあたる借入が載るところで、クレジットカードについているキャッシングをすると記載されます（銀行のカードローンは該当しませんので要注意）。

貸付額が 41 番に、キャッシングの場合は 42 番の出金額に記載されます。

どれも 0 円が望ましい状態です。

【 POINT ② 入金状況】

年	R02								R01				
月	4月	3月	2月	1月	12月	11月	10月	9月	8月	9月	8月	7月	6月	5月
状況	A	A	A	A	A	$	$	$	−	$	$	$	$	$

入金状況の「状況」の記号をチェックします。

表示	内容
$	請求どおり（もしくは請求額以上）の入金があった
P	請求額の一部が入金された
R	お客様以外から入金があった
A	お客様の事情で、お約束の日に入金がなかった（未入金）
B	お客様の事情とは無関係の理由で入金がなかった
C	入金されていないが、その原因が分からない
−	請求もなく入金もなかった（例：クレジットの利用がない場合）
空欄	クレジット会社等から情報の更新がなかった（例：クレジットの利用がない場合）

$ マークは OK なのですが、A や P がある方は、要注意。

【貸金業法の登録内容】と【入金状況】をチェックした結果を書き込みましょう。

私の CIC チェック					
取り寄せた日		年		月	日
貸付額の金額					
出金額の金額					
入金状況でAとPがあるか	A：		個	B：	個
あとどれくらいの期間で消えるか					
AとPを減らすための対策 （決済日前に残高を確認する）					

　もし、自分の CIC が「汚れている」と感じるなら、不動産投資に備えて綺麗にしていきましょう♡

▶ **実践ワーク③　外貨を1万円分買う**

　生活に投資や金融を当たり前のように存在させるためには、為替や世界経済へのアンテナも張るようになっておきたいもの。

　しかし、それだけを目的にしていても、人はなかなか為替チェックを習慣化できません。

　為替を気にするようになる簡単な方法は「自分のお金を使うこと」です。自分のお金を使っていれば、為替も気にせざるを得ません。

　金額は「なくなっても懐を傷めず、そこまで落ち込まずに済む」レベルが◎。普通の会社員の女性なら1万円くらいがいいかもしれません。

　それでは早速、証券口座を開設してみましょう。

　オススメは SBI 証券かマネックス証券です。

1. 証券口座を開設する

2. FX 口座に入金する（1万円）

3. FX 取引ページで米ドルを1万円分買う

投資女子になるための
ファーストステップ

現在地と目的地を
しっかりセットしよう

変化のための準備をしよう

投資や金融が当たり前にある
生活に変えていこう

投資があなたの選択肢を増やす

FXとは

FXは、外国為替証拠金取引とも呼ばれ、「外貨を売買することで、収益を狙う取引」のことです。少額の資金（証拠金）を元に大きな金額の為替取引ができる仕組みになっています。

▶ **実践ワーク④　為替相場をチェックする**

外貨を1万円買えたら、早速為替相場のチェックワークに進んでいきましょう！

為替相場とは

為替相場（為替レート）は、外国為替市場において異なる通貨が交換（売買）される際の交換比率のことです。

「本日の東京外国為替市場の円相場は、1ドル＝○○円××銭と、前日に比べて△△銭の円高ドル安でした。」

といったニュースをイメージしてください。

日本で最もお馴染みの為替相場は円・ドル相場ですが、そのほかにも様々な通貨の組み合わせに関する相場が存在します。

為替相場は、誰かが一方的に意図をもって決めるわけではなく、市場における需要と供給のバランスによって決まります。

為替相場は毎日チェックする必要はありません。

本書での為替相場チェックの目的は、あくまで生活に投資や世界経済の存在を落とし込むため。

FXで儲けることが目的ではないので、のめりこみすぎる必要はありません。

週に1回、自分の口座の残高を見る。

それだけでOKです。

もし、残高に増減があれば、その理由が気になりますよね？

そこで理由を調べたり考えたりすることで、金融や世界経済へのアン

テナがどんどん立ってきます！　とはいえ、自力で理由を調べるのはなかなか難しいもの。そういう人向けに多くのFX会社では、増減の理由を解説してくれています。

　いくつかオススメサイトを載せますので、ぜひそういったサイトでニュースを読み、あなたの口座残高が変動した理由を探してみてください。

Yahoo！ファイナンス　ニュースページ
https://finance.yahoo.co.jp/news/fx/

MINKABU FX　為替ニュース / コラム
https://fx.minkabu.jp/news

▶ 実践ワーク⑤　保険の営業を受けてみる

　街中でよく目にする【来店型保険ショップ】。普通の保険屋さんとの違いは、「複数の保険会社を取り扱っている」という点。

　どのショップでも、取り揃えられている保険に大差はありません。自宅の近くや会社の最寄りなど、訪問しやすい店舗に、「私にオススメの保険って何ですか？」と聞きに行ってみましょう♡

　契約する必要はもちろんありません。どんなものを勧められるか聞いてみるだけでOKです。

　行ってみるとおそらく、医療保険は安いものを提案される一方で、運用型・貯蓄型保険で高額なプランを提案してくるかと思います。

　なぜ、運用型・貯蓄型保険で月々の保険料が高いものを勧めてくるのか。それは簡単！　それを売る保険販売員さんの報酬が高くなるからです。

　可能であれば、追加で
「あなたはその保険入っているんですか？」
とも聞いてみてください。

「販売員はどこの保険も入れないようになっているんです」と濁されるかもしれませんが、それは嘘です。そんな制約はありませんので、騙されないようにしてください♡

行く日と行く場所をスケジューリングしよう

保険の営業を受けに行く日

行く最寄りの保険ショップ名

保険の営業を受けてみた感想

▶ 実践ワーク⑥　保険料を適正値にする

　保険ショップで営業を受けてみたところで、次はあなたの保険料を適正値にしていきましょう。

　保険料には、適正な金額と確保しておくべき保障内容が存在します。

　しかし実際は、知り合いの保険セールスの方から勧められるままに契約したり、自分自身の保障内容もよく分からないまま保険に加入していることがほとんどです。

　では、押さえるべき保障内容とは？

☑ 入院月額………5000 円　　☑ 入院一時金……10 万円

☑ 手術…………10 万円　　☑ 60 歳で保険料払い済み

☑ 終身保障　　　　　　　　☑ 先進医療付加

☑ 三大疾病………50 万円給付

これが最高の保障内容です♡

この補償内容で、女性の保険料の適正値は

☑ 20 歳〜30 歳……… 月　 5000 円

☑ 31 歳〜35 歳……… 月　 6000 円

☑ 36 歳〜40 歳……… 月　 7000 円

☑ 41 歳〜45 歳……… 月 10000 円以内

111

☑ **46 歳〜50 歳**・・・・・・・ 月 **15000 円台**
☑ **51 歳〜53 歳**・・・・・・・ 月 **20000 円まで**
☑ **54 歳・55 歳**・・・・・・・ 月 **30000 円台**　です。

あなたは何か保険に加入していますか？
　もし加入していなくて、資産があまりないのであれば、いざというときに備えて、保険に加入しておいた方がいいでしょう。
　何か保険を契約している方は、契約時にもらった保険証券を引っ張り出してきて、保障内容と毎月の保険料を確認してみてください。
　もし、保障内容が上記全部を満たしてないのに適正値以上の金額を払っているのであれば、見直しが必要です。
　自分自身の保険料が高いと思ったら、来店型保険ショップで医療保険だけ切り替えるのがオススメです。
　また、貯蓄型の保険で毎月高額な保険料を支払っている人は解約した方がベター。
　なぜなら、貯蓄型保険では物価上昇に勝てないから！
　そのお金は積立投資に回した方がよっぽど資産を構築できます。

▶ 実践ワーク⑦　証券会社の営業を受けてみる

証券会社とは、株の発行元の会社と投資家、または投資家と投資家の間に立って、株式の売買の取次ぎや引受けなどを行う会社のことです。
　どこの証券会社でもいいので、窓口に行ってみて、「**投資してみたいのですがオススメは何ですか？**」と聞きに行ってみましょう！
　ここでも当然契約する必要はありません。
　どんなものを勧められるかを聞いてみるだけで OK です。
　資産 1000 万円以下の人はおそらく相手にされません。
　年利 1%なのに手数料を 1%取るような商品を勧められるのが関の山だと思います。
　「なら行く必要はないのでは？」と思うかもしれません。
　回答が予想できるし、どうせ契約もしないのになぜ行くのか？

それは、確かめるという行動をあなたにして欲しいからです。

私の言うことがあなたにとってすべて正しいかは分からないですよね？　私は嘘をつきませんし、真摯に投資にも発信にも向かい合っています。だからといって、人のことを妄信して、確かめもせずに鵜呑みにするといつの日か別の誰かに騙されてしまう可能性もあります。

皆さんには、投資において自主性や能動的な姿勢を身につけて欲しいのです。そのために必要な直観やアンテナを磨くために、行く意味があるということを忘れないでください♡

> 行く日と行く場所をスケジューリングしよう

証券会社の営業を受けに行く日

行く最寄りの証券会社窓口

証券会社の営業を受けてみた感想

▶ 実践ワーク⑧　銀行窓口で iDeco や NISA の説明を受けてみる

こちらも保険ショップや証券会社に行くのと同じで、あなたのアンテナ力を高め、「確かめる」という行動が習慣となる目的で行っていただきます。最寄りの銀行窓口に行って、この2つの質問をしてみてください。

「iDeco や NISA に興味があるので、詳しく教えてください」
「65 歳で解約すると、だいたい何倍になりますか？」

この質問をすると、銀行の専門スタッフの方が色々と教えてくださるので、世の中の投資商品の利回りがどれくらいなのかを知ることができます。また、「65 歳で解約すると、だいたい何倍になりますか？」の回

答が2倍を超えていなければ、前章で話した物価上昇には勝てない＝やる意味がないということも理解できます。

　気軽な気持ちで質問しに行ってみてください。

行く日と行く場所をスケジューリングしよう

銀行に説明を受けに行く日

行く最寄りの銀行窓口

銀行で説明を受けてみた感想

▶ 実践ワーク⑨　株のデモトレードしてみる

　次の実践ワークは株式投資のシミュレーションです。

　株式投資もFXもバーチャルシミュレーションゲームが数多く存在します。バーチャルなので実際のお金が減ることはなく安心です。

　本書でオススメするのは日本最大級のバーチャル株式投資ゲームである「トレダビ」。実在する上場企業のリアル株価を使用しているので、初心者でもリアルな株価を使った臨場感を味わえます。アカウントを作成し、早速株を買ってみましょう。

　最初に買った後は、週に1回チェックするだけでOKです。

　実際に株式売買をしてみたいという方を止めはしませんが、まずは少額で始めて、買いっぱなしで放置してみてください。

投資女子になるための
ファーストステップ

現在地と目的地を
しっかりセットしよう

変化のための準備をしよう

**投資や金融が当たり前にある
生活に変えていこう**

投資があなたの選択肢を増やす

買った株式をメモしよう

銘柄	選んだ理由	株単価	株数	購入費用

　購入から１か月後、結果はどうだったでしょうか？　含み損を持っていない方はラッキーですね♡　おそらく、多くの方が含み損を抱えているかと思います。ぜひその気持ちを書いてみてください。

１か月やってみて、含み損を抱えているときの気持ち

　「めちゃくちゃ減っていて凹む」「トレードって難しい」「適当に選んだ結果悲惨」といった感想が出てくるかもしれません。このワークを通して、株式売買への自分の向き不向きを知れるはずです。

115

投資家とトレーダーの違いについて

　ここで、「投資家」と「トレーダー」が違うものであるということをお話ししたいと思います。

　トレーダーというのは、株式や先物、オプションといった【リアルに存在しないもの】を買います。トレーダーが気にするのは、市場価格そのものです。彼らは、相場で起こる値動きの変化から生まれる価格の差益で儲けます。

　かたや投資家というのは、数年から数十年の長期的な視野に立って、自分の投資が将来的に価値を生むという見込みのもと、【リアルに存在するもの】を買って長期に保有する人のことを言います。つまり、投資家は現物を買い保有するのです。

　投資家たちは企業を買うので、結果として株という見えないものも買っていることになりますが、投資家たちはトレーダーと違い、日々変化する株価は全く気にしません。

　彼らは経営陣や製品、市場シェアをひっくるめた企業そのものを買っ

投資女子になるための
ファーストステップ

現在地と目的地を
しっかりセットしよう

変化のための準備をしよう

投資や金融が当たり前にある
生活に変えていこう

投資があなたの選択肢を増やす

ている感覚だからです。

　一方、トレーダーは、企業のような物理的なものも、穀物や金銀などの現物は決して買いません。

　彼らは株やFX、暗号資産を使って数字のゲームをしているのに等しいのです。

　どちらがいい悪いの話ではありませんが、このどちらを選ぶかで、**あなたにとっての【投資】が全く別物になるはずです。**

　トレーダーを選べば、日々忙しく為替やパソコンとにらめっこして、売買にいそしまなくてはなりません。私も以前はゲーム感覚でトレードをしていたので身をもって痛感していますが、トレーダーはアスリートや自営業と同じ、自分の時間を消耗して稼ぐスタイルです。

　反して投資家は、自分が動くのではなく、自分のお金が働くのです。だから投資家本人は毎日何かしなければいけないこともありません。お金の働きぶりを時々チェックするくらいで、放っておけるのです。

　ここがとても重要で、この2つの意味を取り違えていると、忙しい自分の味方として投資を取り入れたつもりが、為替とにらめっこして暇もなく神経をすり減らすことになりかねません。

　事実、多くの人が投資家を自称しているのに、実際にはトレーダーのような行動をしているのは、この根幹となる部分をきちんと理解できていないからなのです。

　あなたは何のために投資を人生に取り入れたいと思いましたか？

　きっと、どんなときでもお金に困らないようにするため、自分がしたいことに専念できるようにするためだったはずですよね？

　そうであれば、自分がやるべきスタイルは投資家なのかトレーダーなのか。**【自分が動くのか、お金が働くのか】**どっちのタイプを味方にするべきか分かっていただけるのではないでしょうか♡

CHAPTER 5

投資があなたの選択肢を増やす

「投資」と
「ギャンブル」の違い

　4章のワークもすべて終わったあなたは、すっかり投資への抵抗感もなくなり、経済や金融が生活にも馴染んできたのではないでしょうか？

　いよいよ実際に投資をしていきましょう。

　その前に！

　投資という単語には投機とギャンブルという言葉も一緒についてくることが多いです。この3つの違いをあなたは分かっていますか？この違いを押さえておかないと、投資をしているつもりが投機だったり、ただの無謀なギャンブルになってしまうという結果に終わることも少なくありません。まずは、投資・投機・ギャンブルの違いを理解しておきましょう。大きな違いは3つ。

　【時間（期間）】【利回り】【収益の仕組み】です。

　簡単にまとめるとこのようになります。

	投資	投機	ギャンブル
時間（期間）	1年〜	〜1年	1秒〜1日
利回り	10〜20%	100%〜	1000%〜
仕組み	プラスサム 投資家も投資先も両方利益を得られる	ゼロサム 誰かが勝てば誰かが負ける	マイナスサム 全員が負けることもある。確実に儲かるのは胴元だけ
例	株式投資・社債など	FXなど	パチンコ・競馬など

　ギャンブルは皆さんのイメージの通り、非常に低い確率にかけて、信じられないほどのリターンを狙うというもの。

　投機は、機会に投じるという言葉の通り、値上がりのタイミングを狙って資金を投じることです。

　長期的な視野ではなく、あくまでその時一瞬の利益が目的であり、まさに人生一発逆転！　という考え方。

　上手く成功すれば短期間で大きな利益が得られますが、失敗すれば値動きに惑わされ短期間で大きな痛手を負います。

　投資は、長期的な視野で、その会社を一緒に成長させていくようなつもりで行います。投機に比べれば利益を得るまでに時間がかかるのは事実。ですが、長期的に利益を大きくできるので、安定して資産運用ができるのが投資です。

　そして投機と違って、1つの投資に全額かけることをせず、資産を分散しておけばリスクのコントロールにもなる。

　このように、投資と投機・ギャンブルは全くの別物。はっきりお伝えすると、「借金まみれで人生どうにかしたい」「努力してこなかった結果、どん底の暮らしをどうにかしたい」というような方は、投資の前にすべきことがあります。

　今までコツコツしっかり生きてきた。

　それでも理想とする人生や暮らしを得るのがなかなか難しい。

　そんな風に頑張ってきた女性こそ、投資を味方にすることができますし、投資が願いを叶えるお手伝いをしてくれるのです。

私が事業投資を
始めた理由

　前作でもお伝えしているように、私はリスク分散のために異なる種類の投資を複数やっています。

　「株式投資だけ」「不動産投資だけ」のように1つに絞ってしまうと、調子がいいときは問題ないですが、なにか起きたときにすべてダメになってしまうのは私の望むところではないので、違う種類、異なる案件をいくつもやることでリスクに備えています。

　最近は、事業投資に力を入れていることもあり、SNSでよく発信しているのですが、飲食店の店舗を複数出しているからか、事業投資家と言うよりは飲食業の経営者と思われることも多々あります（確かに、実情を見れば経営者とも言えるのでしょうけど、店舗の運営に私はほぼタッチしていないので私自身の認識としてはあくまで投資家です）。

　それを見て、「私も事業投資家として飲食店を出したいのですが、どうしたらできますか？」と質問をいただくこともあるので、私の事業投資についての歴史も少しお話ししたいと思います。

投資女子になるための
ファーストステップ

現在地と目的地を
しっかりセットしよう

変化のための準備をしよう

投資や金融が当たり前にある
生活に変えていこう

投資があなたの選択肢を
増やす

そもそも、私に飲食業の知識は一切ありませんでした。

飲食店の経営はおろか、学生時代に飲食のバイトすらしていません。美味しい食事は大好きですが、好きな食べ物を仕事にしたいとも思いません（私は、好きなことを仕事にしない方が成功すると考えているタイプです）。そんな私がなぜ飲食店の事業投資をし始めたのか。キッカケは2019年、友人からのお誘いでした。

当時の私は、株式投資に熱中していてかなりの利益を手にしていただけでなく、出資していた債券も好調で、こちらでも多額の配当をもらっていました。余剰資金（リアルアセット）がたくさんできたので、それを別の投資に回すことで、さらなる利益を狙いつつ、リスクを分散させたいと思ったのです。真っ先に思いついたのは不動産投資だったのですが、当時の私には信用という資産がなかったので、不動産投資をやりたくてもできませんでした。

そんなとき、仲良くしているお金持ちの女性から、フランチャイズで食パン屋さんを一緒にやらないかというお誘いが舞い込んできたのです。詳しく聞いてみると、彼女と共同出資で、初期費用は1000万円でした。そのときの私には払える金額でしたし、ほかにできる投資もやりたいと思える案件もなかったのに加え、私の生来の「やったことのないことにチャレンジしたい」という気質が出てきた結果、全く飲食経験もない私が食パン屋さんを出すことになったのです。

もちろん、それだけの理由ではありません。勝気な私でも、勝てる見込みのない戦には出ようとは思いません。食パン屋が行けると思った理由は、「食パンは日常的な食べ物である」という点が大きいです。

当時は空前のタピオカブームでしたが、以前よりは日常に浸透したとはいえ、タピオカはやはりブーム要素の強い食べ物です。

対して食パンは、老若男女、地域を問わず、日常的に食べ続けられる主食です。食パンは絶対になくならないという確信が私の決断を後押ししました。

私は現在フランチャイズで複数の飲食事業に出資していますが、それも海鮮丼やからあげなど、日常的で流行り廃りのない食品を選ぶことがほとんどです。

なぜ事業投資を
展開し続けるのか

　余談ですが、フランチャイズ本部の商品や味に文句は絶対につけないというのが私のポリシーです。

　好きを仕事にする人にありがちなのが、商品クオリティに異常にこだわってしまうという部分。もちろんそういう方がいるおかげで絶品のお料理が食べられるという側面があるのは分かります。

　しかし、素材や味にこだわりすぎた結果、ひとりよがりな商品になってしまい、経営が立ち行かなくなって潰れてしまっては元も子もありません。私が出資する事業はフランチャイズばかりです。フランチャイズ事業ができるということは、その事業がそれで上手く行っているということ。

　その商品や味付けを好んで買う方が大勢いるという証明です。

　出資者が美味しいと思わなくても、味に納得できなくても、売れていればそれが正義です。私が気に入ったからといって売れるわけではありません。にもかかわらず、こだわりを押し付けるのはただのエゴです。

投資女子になるための
ファーストステップ

現在地と目的地を
しっかりセットしよう

変化のための準備をしよう

投資や金融が当たり前にある
生活に変えていこう

投資があなたの選択肢を
増やす

フランチャイズ本部の商品にケチをつけたり、テコ入れしようとするくらいなら、自分で店を出すべきです。そういった経緯で、私が事業投資を選んだのは、「当時の自分にできること」だったからであり、飲食事業にしたのは、単なるタイミングだったのです。

始まり方はそんな形でしたが、私がその後も地元で飲食事業投資を展開し続けているのは、ひとえに「無いものを有るものにしたい」という想いがあるからです。

高校を卒業して上京してきたときに、東京には何でも揃っているのに、地元にはないものがたくさんあることに愕然としました。しかし同時に、地元の友達に「東京で買って送って」とお願いされることが増えて、これはビジネスチャンスだなとも感じたのです（実際に服やコスメなどを東京で仕入れて発送代行するビジネスをやっていました）。

「都会にあるけど地方にないものを提供したい」「不便を便利にしたい」

地方出身者だからこその気づきと、地元に豊かさを届けたいという想いが、私の事業出資の根底にあります。

「自分のお店を出したい」「地元で事業出資をしたい」

それが目標であればチャレンジしてみることは素晴らしいと思います。しかし、開業や事業投資にはやはり先立つものが必要です。

数千万円の資金が手元にある方ならすぐに始められるかもしれませんが、一般的には、事業投資はハイリスクです。

私の投資の原則は、「ハイリスク案件はほかの投資で出た利益でやる」。そもそも、なけなしの数百万円しかない人に良い事業案件の話は来ないですし、もし来るのであればそれは高確率であなたを騙そうとする人と思った方がいいです。

リスクの低い商品で増やした投資利益はもはや私の努力で生み出したお金とは言えません。

だからこそハイリスクな投資に挑戦できるし、失敗しても落ち込まずに済むのです♡

もし、あなたが事業投資をやりたいとしても、それより先にした方がいい投資はたくさんあります。

まずはその投資についてお話ししていきますね。

預け先を変えるだけ！積立投資

　積立投資とは、投資信託などの商品を毎月定額で購入するタイプの投資を指します。

　投資信託は、あなたのお金をプロのファンドマネージャーが運用してくれるものなので、あなたがトレードしたり、商品選定をしたり、お金の勉強をする必要がありません。

　申し込んだ後は自動で毎月積立されていくので手間もかからず、月々数万円と少額から始められます。毎月貯金を必ず3万円しているような方であれば、そのお金の置く場所を銀行から積立投資に変えるような感覚なので、投資への抵抗が強い方にもオススメです。

　また、一括でどんと資金を入れるわけではないので、多額の貯金がない方でもできるのがメリットですね♪

　あるタイミングで一括して金融商品を購入するスタイルである一括投資より、積立投資の優れているところがドルコスト平均法が使えるという点。積立投資は毎月決まった金額を継続して投資をする（＝毎月一

定額ずつ買う）ことになります。つまり価格が高いときには少なく、安いときには多く買うことができるのですが、それが結果として、平均購入価格を安くすることにつながるのです。

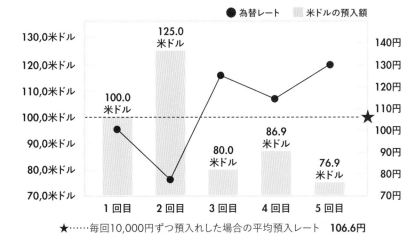

● 為替レート　　　米ドルの預入額

★……毎回10,000円ずつ預入れした場合の平均預入レート　106.6円

　株式投資をイメージしてもらうと分かりやすいのですが、株価が上がる直前、株価が安いうちに買えた方が利益が大きくなるのは当然ですよね？

　しかし、多くの人は値段が上がったと話題になってから銘柄を買うので、利益をあまり得られません。

　むしろ、爆上がりの後は下がることが普通なので損してしまうほどです。そんなことを聞くと、株式投資をするとなると、いつ買うのかを延々と迷ってしまうことになりますが、積立投資ならスタートタイミングをあまり深刻に考えなくても、購入価格が平準化できるので、いつでも気軽に始められます。

　ちなみに、この積立投資は、時間（若さ）という資産を活用するのにもってこいです。

投資女子になるための
ファーストステップ

現在地と目的地を
しっかりセットしよう

変化のための準備をしよう

投資や金融が当たり前にある
生活に変えていこう

投資があなたの選択肢を
増やす

数字を使って考えてみましょう。

年利8％の複利運用という同じ状況で、20歳の方が毎月3万円、30歳の方が毎月6万円、2人とも65歳まで積立していくとします。

65歳時点で積立てた総額は、

20歳の方：1620万円、30歳の方は：2520万円　となります。

一見30歳の方がたくさん資産があるように見えますよね。

しかし最終的に形成される資産は、

20歳の方：約1億5800万円、30歳の方：約1億3700万円　です。

増えた率で見てみると、20歳の人は約10倍！　30歳の人は約5倍で、20歳の人の方が得をしているのです！

積立投資は若ければ若いほど有利であり、時間をかけてコツコツやっていける人こそ利幅が大きいと言えます。

若くてまだ貯金の額が少ないというような方は、積立投資を上手に取り入れることで資産を賢く増やすことができます。

積立投資には「複利」を味方につけると資産運用が加速しますので、ぜひ複利についても調べてみてくださいね（前作『投資女子』で解説しています）。

SECTION 05

ほったらかしでOK！
社債

　仕事に趣味にプライベートにと、忙しく活動するアラサー・アラフォー・アラフィフの女性にオススメなのは、債券です。

　振り返れば、私の初めての投資も、私が事業投資をするための資金を生み出したのも債券でした。

　株と違い、債券はあまり聞き馴染みのない言葉かと思うので、簡単に説明します。

　債券とは、企業が資金調達の手段として、投資家から資金を募る際に発行する有価証券のことです。

　会社が出す債券なので、「社」債です。国が出すと「国」債となります。

　社債には返済期日や利息率が記されていて、企業が投資家に対して発行する「借用証明」の役割を果たします。

　企業が出す有価証券と聞くと、株式のイメージが強いですが、株式とは違い、「企業に返済義務があり、利息とともに投資資金が返済される」という点が特徴です。

株は、数倍に増えることもありますが、逆に株価が下がると、買ったときに使った資金より減ってしまうこともざらにあります（100万円で買ったのに、株価暴落で20万円になってしまうような感じですね）。

　社債は、出資金が何倍にもなるということはありませんが、出資金が利息をプラスされて戻ってくるので安心です。しかもその利息は銀行に預けるよりはるかに高い♡

　イメージとしては、あなたが企業にお金を貸しているというイメージです。

　ちなみに、社債には普通社債・転換社債・ワラント債・劣後債・電力債などいくつか種類がありますが、私はいつも普通社債をやっています。

　こちらは、あらかじめ設定された満期までの間、投資家に対して利息が支払われる仕組みであり、ほとんどの場合は固定金利です。

　私がやっている社債の年利は12％。

　個人向け国債の利回りは0.05％なので、比べると断然利回りがいい上に、出資先の会社を応援できているという気持ちになるのが嬉しいです。

　社債は証券会社か銀行に行けば、提案してもらえますが、それでも利率は低めの商品が多いです。

　いい社債の情報は内々だけでシェアされるので、横のつながりは大事です。

　私も、投資女子コミュニティのメンバーには私がやっている社債を紹介しています。

投資女子になるための
ファーストステップ

現在地と目的地を
しっかりセットしよう

変化のための準備をしよう

投資や金融が当たり前にある
生活に変えていこう

投資があなたの選択肢を
増やす

SECTION 06

手軽に成功体験！
デパート積立

　もっと手軽に始めたいという方にオススメするのがデパート積立です。厳密に言うと、こちらは金融商品ではないのですが、投資への抵抗感がなかなか払しょくできないという方には丁度良いのではないでしょうか♡

　デパート積立とは、一定の金額を毎月積立てていき、満期を迎えると積立していた累計額に加えてボーナスを受け取れるというデパートならではのサービスです。このサービスは各デパートが「友の会」と称して提供しており、高島屋は「タカシマヤ友の会」、三越・伊勢丹であれば「エムアイ友の会」、松坂屋・大丸は「大丸松坂屋友の会」という名称で運営されており、入会すればだれでも積立サービスを利用できます。どこも入会費や年会費は無料です。

　具体的には、毎月1万円ずつ積み立てていくと、1年後の満期時に1万円分のボーナスが上乗せされ13万円分が返ってくるという感じです。単純計算でも年利は8.3%（一度に12万円預けているのではなく、月

に 1 万円ずつの積立のため、厳密に年利換算すると 15 ％以上にもなるのです）。銀行の金利が 0.01 ％の今の時代、銀行に 100 万円預けても 100 円にしかならないことを考えるとかなりお得だと感じられますよね。このボーナスはデパートや各コースによって異なりますが、各社魅力的な内容を展開していますので、よく使うデパートではどうなっているか一度見てみるといいと思います。さらに嬉しいのが、このボーナスは非課税であるということ！　通常、銀行預金などでは利子に対して税金 20 ％が課税されるため、利子が 1 万円のときは、税金として 2000 円ほどが引かれて、残るのは結局 8000 円ほどですが、デパート積立はなんと非課税です♡

　また、何かの都合で「途中で解約したい」となった場合にも、途中解約可能としているところがほとんどです。保険などは満期前に解約すると満額返金されない商品も多いですが、デパート積立は損失なしで返金されるので、心配性な方も安心してできるはずです。

　1 つ注意点を述べるのであれば、元々デパートを全く利用しないという方は、デパート積立をすると、「使い切らなくちゃ」と無理に消費しようとしてしまうかもしれないというところ。

☑ **常に買っているデパートコスメがある**
☑ **買うことを目標にしているブランドバッグやジュエリーがある**
☑ **毎年必ず家族とデパートで食事をする**

　など、必ずデパートでお金を使うことがある人にはいいのではないでしょうか。とはいえ、使い道が決まっている人でも、まとまった金額が入金されるとつい気が大きくなってしまい、普段買わないようなものまで買ってしまう可能性がありますので、買うと決めたもの以外には使わないよう冷静に♡

　小さい目標やスモールステップを叶え続けることが、大きな変化と結果に導きます。

　こういったローリスクなサービスの活用は、**小さい目標を投資で叶えるという成功体験をする**にはうってつけと言えるでしょう。

投資女子的
「投資ゴールデンルール」

投資女子になるための
ファーストステップ

現在地と目的地を
しっかりセットしよう

変化のための準備をしよう

投資や金融が当たり前にある
生活に変えていこう

投資があなたの選択肢を
増やす

　先ほど紹介したもののほかにも、株式投資、投資信託、REIT（不動産投資信託）、iDeCo（個人型確定拠出年金）、暗号資産（いわゆる仮想通貨）、金、FX（外国為替取引）など、世の中には様々な投資・資産形成手段が存在しています。

　キャリアと年収がある方は不動産投資もできる可能性が高いですし、目利きの方なら株式投資をやって資金を増やしていくというのも手です。これからあなたが投資女子として歩み出すと、ここに載っていないような投資案件や投機案件と山ほど出会うかもしれません。

　そのときに、心に留めておいていただきたいゴールデンルールがこちらです。

1.　1つの投資に集中しない
2.　信頼できない人からの投資案件は相手にしない
3.　ハイリスク案件は投資の利益でやる

1つの投資に集中せず、様々な投資に出資することでリスク分散を心掛けるというのはすでに何度もお伝えしていますね。信用できない人からの案件は当然スルーです。

　信用できる人かどうかは

- ☑ **2番手以下が稼いでいるかどうか**
- ☑ **自分でその投資をしているかどうか**
- ☑ **借り入れを起こさせようとするかどうか**

をポイントに見極めてみてください。（詳しくは『投資女子』第4章参照）

　リスクが高い分リターンも大きく魅力的に見えるハイリスク案件は、先述の通り、ほかの投資で出てきた利益を使ってトライしましょう。

　上手く行けばラッキーですし、失敗しても元々あなたが苦労して生み出したお金ではないので、心のダメージが最小限で食い止められます。

　投資を始めていくと、配当金や投資による利益が手に入るようになり、つい欲しかったものを買いたくなるかもしれません。

　でもそこはもっと大きな目標のためにぐっとこらえて、そのお金をこういった別の投資に再投資していくと、あなたの資産はどんどん増えていきます。

　配当金が入るたびに使ってしまっていたら、投資をしていても資産は一向に増えませんから、投資をして生まれた利益で再投資して、その再投資から出てきた利益（お金）で贅沢をした方が賢い方法。

　私が今ディナーやショッピングに使うお金も再投資から生まれた利益を使っています。

　この鉄則を守れば、浪費の金額が投資の金額を超えることもないですし、元金は増え続けます。

投資女子たちの
リアル投資事情

投資女子になるための
ファーストステップ

現在地と目的地を
しっかりセットしよう

変化のための準備をしよう

投資や金融が当たり前にある
生活に変えていこう

投資があなたの選択肢を
増やす

投資のやり方も資産形成の進め方も本当に人それぞれ。

同じ女性で、同じ年齢だとしてもポートフォリオが異なることはざらです。

「みんなは実際どうやって進めているの？」という疑問にお答えすべく、3人の投資女子のリアルな投資の足跡をご紹介します。

自分が一番共感できる投資女子を見つけて、これからのシミュレーションやイメージトレーニングに使ってみてくださいね。

Type A

しっかり
キャリア女子

☑ 年　齢	☑ 年　収
30歳・独身	600万円
☑ 職　業	☑ 貯　金
金融会社・総合職	500万円

☑ スタート当時の状況

FXをやってみたが上手く行かず、マイナス30万円
貯蓄タイプの保険に累計300万円支払い済み

☑ 最初の投資

高額な保険の見直し→月々25000円が浮く

☑ 過　程

- 保険で浮いた分（25000円）を元に積立をする
  元々毎月5万円貯金していたので、積み立ても月々5万円に　〈Good〉
- 勤続年数と年収があるので、投資用物件を2軒購入
- これまでの貯蓄タイプの保険を解約→300万円戻ってくる
  貯金200万円と合わせて合計500万円を債券に出資（2年で償還・年利5％）
- 50万円でハイリスク案件を1口スタート
  （50万円×5か月分で250万円は非常用にとっておく）

Type B

ふんわり
内勤職女子

☑ 年　齢	☑ 年　収
26歳・婚約者あり	350万円
☑ 職　業	☑ 貯　金
大手企業・一般職（事務職）	120万円

☑ スタート当時の状況

何もなし

☑ 最初の投資

積立投資（毎月3万円自分で貯金していた投げ先をチェンジ）

☑ 過　程

- 実家暮らしで衣食住は確保されているので、20万円を残し、残りの100万円を債券に
- 正しい保険に加入（月々5000円の保険料）　〈Good〉

Type C

☑ 年　齢	☑ 年　収
45歳・バツイチ	700万円

☑ 職　業	☑ 貯　金
会社員	3000万円 （親からの相続が大半）

☑ スタート当時の状況

・遺産がたくさんあるものの、どうしていいか分からず、数百万円使ってしまった

・残りの3000万円をしっかり運用していきたい

・そして会社を辞め、自宅でエステサロンを経営したい

☑ 最初の投資

1500万円を債券に出資

☑ 過　程

・400万円をミドルリスク案件に出資 ⟨ Good

・100万円をハイリスク案件に出資

・将来を考え、積立（15年契約。毎月1000ドル）をスタート

・独立前にキャリアを活かして投資用不動産1軒、住宅1軒購入
　（自宅サロンも兼ねるので一部を経費計上可能）

※残り1000万円は開業資金に。　不動産を購入したら退職して開業予定。
　サロンの営業が不振でも生活には困らないようになっている

現在地と目的地を
しっかりセットしよう

変化のための準備をしよう

投資や金融が当たり前にある
生活に変えていこう

投資があなたの選択肢を
増やす

選択肢が増えると
新しい夢が見つかる

　投資を取り入れることによって、お金にも時間にも余裕ができて、きっと人生の選択肢が増えるはずです。それにより、新しい夢が見つかるという方も少なくはありません。

　私が投資を始めるときのさしあたっての目標は「経済的に自立して、不自由なく暮らす」でした。離婚騒動を経て、自分自身でしっかり経済的に自立したいという想いが強かったからです。

　それが、投資を始め、資産を増やす過程で会社を作ることになり、社員やスタッフが増えてきたことで、「みんなにもっとチャンスをあげたい」「社員やスタッフを成長させたい」「もっとスタッフの頑張りに応えられる会社にしたい」「地元の活性化につながる事業をしたい」とどんどん新しい目標が生まれてきました。

　自分のバッグのことや贅沢な生活のことしか考えてこなかった時代の私からすると、信じられないほどの変わりようだと思います。

　投資を始める前は社長になるとも思っていなかったし、社員を育てたいなんて当然持っていなかった目標です。

　投資をどんどんやることで、私の人生も選択肢も目標も本当に大きく変わったと実感します。

　そして、それにより、人が育つという喜び、会社が世の中に価値を提供しているという幸せなど、夢にも思わなかった感情や心の豊かさを味わうことができました。

　そんな私に、最近は「不動産投資を本気で始める」という新たな目標が加わりました。

　かつては、お金はあっても会社員ではないために信用力がないと見なされ、不動産が買えませんでしたが、会社を経営し、成長し続けることで、信頼と継続性を得られるようになって、やっと不動産を買えるようになったのです。

　これも投資を積み重ねていかなければ抱くことのない目標だったと思います。

　私は、投資を始めたからこそ新しい目標が見つかると思っています。

　投資に限っても同じで、債券をやっているからほかの投資ができるようになったり、複利で運用するからさらに利益が増えるといったように、積み重ねているからこそ新しい投資が見えてくるし、チャンスが回ってきます。

　成功する人とは継続する人。

　儲かりそうなものや一発あてるのは比較的簡単ですが、それを継続させるのが難しいのです。

　でも歩みを止めず、挑戦し続ければ、今の自分では考えられないような世界が、必ず見られます。

　今、あなたが持っている夢や目標が小さく思えても、自分の欲を満たすようなものだとしても、気にすることはありません。

　私もそうですが、そういった夢を叶え続ける先に、大きくて意義のある目標に出会えるのですから。

投資を始めて人生が変わった女性たち

　投資を始めたことで人生の目標やステージがどんどん変化したのは、私だけではありません。

　すでに多くの女性たちが、投資を味方につけて人生を大きく変えることに成功しています。

　今回は、投資女子コミュニティに実在する女性4名の体験談を紹介させていただきます。

▶ Y・M様（20代・バツイチ・会社員）

　私が投資女子になろうと思ったのは、人生のどん底のような時期でした。大して稼ぎがいいわけでもないのに、「俺が稼ぐから、お前は働かず家庭に入って欲しい」と公言するような夫と、お金についての価値観も使い方についても意見が合わず、離婚。

　その2か月後くらいでしょうか。

投資女子になるための
ファーストステップ

現在地と目的地を
しっかりセットしよう

変化のための準備をしよう

投資や金融が当たり前にある
生活に変えていこう

投資があなたの選択肢を
増やす

　私は自立した女性になりたいという思いが強まる一方で、仕事の方も
モヤモヤした思いが消えず、キャリアをどうしようか悩んでいる状態で
した。そんな自分を変えたいと思ったのと、離婚を経験してやっぱりお
金は大事と実感したことで、投資を始めてみることにしました。

　「面白そう、将来役に立ちそう」と思えることは何でもチャレンジす
るタイプなので、3か月の間に、保険への加入、一括投資2種類（それ
ぞれ100万円ずつ）、積立投資と、どんどん進めていきました。
　信頼できるコンサルタントの方が提案してくれる投資をフルでやっ
ているうちに、自信がついてきて、消極的だった転職にも前向きになり
ました！
　転職前には、しっかり前職でのキャリアと信用を使い不動産投資もス
タートしたのですが、購入前は正直悩んだこともありました。
　そんなとき、信頼関係を築いたコンサルタントの方から「あなたには
絶対チャンスを逃して欲しくないんです！」と背中を押されました。い
い加減な言葉ではなく、本当に私のことを思ってくれているという強い
思いを感じ、心を動かされて購入を決意しました。

　新しい仕事は、前職より給料は下がりましたが、自分自身の能力を使
えるし、これからのキャリアやビジョンを見据えたときにベストだと思
える内容です。
　やりがいのある仕事ができていて、仕事もプライベートも、日々が充
実しています。
　転職を叶えた今は、お金のことを気にせず仕事に熱中することを目標
にしています。
　投資はお金だけでなく、生活や自分の価値観もより良いものに変えて
いくものだと実感しましたし、投資を始めて本当に良かったです。

▶ **E・Y様（30代・未婚・会社員）**

　出版社の正社員で好きなことを仕事にして十分な給与をもらい、好き

なときに海外や日本中を旅してと、自由な生活を楽しんでいましたが、コロナで状況が一変。

　会社の業績悪化で給与が不安定になり、大好きな海外旅行もできず、モヤモヤした毎日を送っているときに、「会社も国も、自分を守ってくれるわけではないし、何の保証もない、今のままではだめだ！」と危機感が募った私は、投資について色々リサーチを開始。そんなとき、書店で『投資女子』を見かけて衝撃を受けました！

　すぐさま申し込んだお茶会で深田さんから具体的な投資のお話を聞き、また衝撃。「私も若いうちから自由と豊かさを手に入れたい」と思ったのが、私の投資人生のスタートです。

　投資経験はほぼゼロでしたが、スタートから数か月で、社債・積立投資・株・不動産など、何種類もの投資に挑戦し、「こんな世界があるんだ！」と驚きの連続でした。

　これまでは会社で働いて、貯金してというのが私のスタンダードでしたが、「お金に働いてもらうと、こんなにスムーズにお金が増えていくんだな」ということを早くから実感できました。

　心に余裕ができ、やりたいこともより現実的に考えられるようになり、将来へのワクワク感が日増しに大きくなっています。

　今後の目標は、FIRE（早期リタイヤ）をして、今まで以上に世界中を自由に旅して、その様子を世界中に発信していくことです！

　また、一般の人でも宇宙旅行ができる日は遠くないと思っているので、そのときにお金を気にせず、すぐ申込できるように準備しています（笑）。

　1年もかからずにこんなに人生が変わるなんて信じられないですが、これからも投資を味方につけることで、自分の選択肢を増やし、やりたいことを夢ではなく具体的なプランとして実現させていきたいと思います。

▶ **R・I様（30代・未婚・自営業）**

　将来についてほとんど考えておらず、貯金も苦手だったのですが、（深

142

投資女子になるための
ファーストステップ

現在地と目的地を
しっかりセットしよう

変化のための準備をしよう

投資や金融が当たり前にある
生活に変えていこう

投資があなたの選択肢を
増やす

田）彩乃さんの発信するメッセージに共感して、投資を始めようと思ったのがスタートのきっかけです。

　でも、投資女子コミュニティに入会する際は、「投資＝怪しい」という先入観が強くあり、「私のお金が、私自身が脅かされるのでは!?　怖い…」と思ってました。そのためコンサルティングをしてくださったコンサルタントの方にものすごくとげとげしい態度を取っていました。申し訳なさすぎて、後日、「あのときはすみませんでした」と謝りました（笑）。

　そんな私も、先輩投資女子たちに体験談を聞いているうちに、「私でも投資できるかも」と思えるようになり、保険をすべて解約して社債に出資したり、積立投資を始めたりと行動することができるようになりました。

　一番の変化は、夢だったタワーマンションに住めるようになったことです。

　投資女子コミュニティでは、周りのみんなが当たり前のようにやりたいことを発表しているのを見て衝撃を受けました。今までの私は、自分に自信が持てず、なんだか恥ずかしくて夢や目標をおおっぴらに言うことができなかったのですが、周りに触発されて、「タワマンに住む」という夢を直視できるようになりました。

　そこからマインドがガラッと変わり、実際にタワーマンションに住むための行動がサクサクできるようになり、とうとう先日引っ越ししました！

　貯金ができず、お金のことを話すなんて何よりも恥ずかしいと思っていたのがウソのように、投資をしていることや、タワマンに住める収入があることを気負わずに言えるような自分になったことに自分自身でも驚いています。

　私にとって投資は、単に資産を増やすだけではなく、諦めかけていた私自身の可能性を切り開いてくれるものであり、未来を自由にしてくれ

る存在です。

　20代の頃から女性営業マンとしてのキャリアを築き、夫婦共働きでもあったので、お金に困ったことは全然ありませんでした。それが、私が病魔に襲われてから人生は一変。

　なんとか死の淵から這い上がりましたが、仕事ができる状態には未だに回復できず、様々な医療に手を出した結果、年間の医療費は100万近くにまで膨れ上がっていました。

　物凄い勢いで貯金が減り、収入源が減ったのに出費はどんどんかさむ状況に真剣に悩みました。

　このままでは、子供の教育資金・老後資金にもお金が全然足りないと、地域開催のマネーセミナーや、複数の保険相談に足を運んでみましたが、何一つ解決になりませんでした。

　地元のマネースクールに通い始めてもみましたが、そこはマネースクールとは名ばかりで、単にFXのやり方を教えるようなところ（汗）

　「私が求めているものとは違う」とまた落ち込んでいるときに、彩乃さんをSNSで見かけ、「こんな風に投資をプロに教えてもらって、人生の選択肢を増やしたい」と思ったのが、私の投資女子になるキッカケでした。

　FXスクールにいたことで、彩乃さんの言う**【投資家とトレーダーの違い】**を実感！！

　また、地元の地銀の営業を鵜呑みにして入っていた商品だと損をしていることにも気づき、学資保険はすべて解約して、投資に回すことを決めました。

　保険の見直し、債券、積立投資を全部やって、新たに子供の為の保険にも加入しました。

　わずか3か月で、劇的に良い方向に変わり、将来への不安が軽減され、やっと正しい道に進むことができたと心から嬉しく思っています。

投資女子になるための
ファーストステップ

現在地と目的地を
しっかりセットしよう

変化のための準備をしよう

投資や金融が当たり前にある
生活に変えていこう

**投資があなたの選択肢を
増やす**

さらに家族にも信じられないような変化が！

当初、私が投資を始めることに消極的で、「投資は危ない、怪しい、興味がない」と言っていた夫も、一緒に研修やコンサルティングを受けているうちに段々と考え方が変わってきて、今では「次の案件、僕の貯金でやろうと思ってる」と言うほどになったんです。

幼い子供も普通に投資という言葉を口にするようになりました。

学校では正しい金融教育を受けられない可能性が高いので、将来、子供がお金に困らないように教育していきたいと思います。

正しくプロを味方につけた投資でお金を増やし、投資という収入源を使って複数の自由診療を受けることで、原因不明の難治性の病気も治したいと思います。

そして、元気になって家族みんなで海外旅行に行くのが今の目標です。

これからも投資を上手く活用して、家族みんなが笑顔でかけがえのない時間を豊かに過ごせるようにしていきたいと思います。

自分自身の
変化を感じよう

　ここまで読み進めて、投資の実践も始めた方は、この本を初めて手に取った日から比べると、随分と変わった自分に驚いているハズ。

　ここで改めて、もう一度この質問に答えてみてください。

　お題にある言葉を見て感じるイメージや、頭に浮かぶワードを自由に書いてみてください。

「お金」とは？

投資女子になるための
ファーストステップ

現在地と目的地を
しっかりセットしよう

変化のための準備をしよう

投資や金融が当たり前にある
生活に変えていこう

投資があなたの選択肢を
増やす

「投資」とは？

「稼ぐ」とは？

「お金持ち」とは？

　どうでしょうか？　自分自身の意識の変化を感じられたのではないでしょうか？　そう、人は進化し、変わることができる生き物なのです。きっと、これからはお金との付き合い方も大きく変化してくるはずです。私自身もこの10年間でかなり変わりました。

▶ 20代前半

　一言で言うと死に金。自分の欲を叶えるために使うだけでそこから何

か生まれるわけではない。

　それはそれで必要だし、この使い方に後悔はないのですが、【お金を使うことで何かを増やす】ということはできなかったなと客観的に思います。

▶ **20代後半**

　投資を初めてした27歳。この時債券に投げた500万円は【初めて自分から離れたお金】。

　ここで意識が少しずつ変わり始めました。お金を活かすことが初めてできた時期です。

▶ **30代前半**

　お金を使ってお金を増やすという生きたお金の使い方が完全にできるようになりました。

　何かを生み出せるものにお金を使うことに価値を置けるようになり、ようやく生き金にすることができたなと実感します。

　お金を使うときは、とにかく「活かせるか」を意識していて、エルメスでお買い物をするときですら、投資になるかどうかを考えています。

　私のSNSを見る方からすると、エルメスをバンバン買っているので、エルメスが大好きな人と思われているかもしれませんが、そこまで大ファンではありません（笑）。

　それでもエルメスを選ぶのは、投資価値があるから。

　この間も6万円くらいの馬型のチャームがネットで40万円以上で転売されているのを見ました。マルイで買うような服やバッグは売れませんが、エルメスなら高値で売れます。

　万が一、一文無しになったときにエルメスは使えるので、私にとっては現物資産を買うような感覚なのです。

　また、使い方が大きく変わったと意識するのは、コンビニなどで何かちょっと買うというのがなくなった点も挙げられます。

会社員のときはコンビニでお昼ごはんを買っていたりしましたが、今は１人で何か食べるという行為に意味を見い出せなくなったのです。

お腹が空いて、適当に何かを食べてもただお腹を膨らませるだけ。

生産性を感じないのです。でも誰かと一緒に食事に行けば、新しい出会いもあるかもしれないし、行った人と美味しさや幸せを分かち合うことができます。

空腹という些細な出来事にも「どうせお金を使うなら、それを無意味にはしたくない」と、思えるようにまで意識が変わったのです。

コンビニで買ったものを１人で食べてもお金が生きるとは言えないし、１人だけで楽しむものに価値を見い出せない。とにかく、何か生み出せるものにしかお金を使いたくないのです。

そんな私も 2021 年で 35 歳になりました。30 代後半と言う区切に入ります。

たった 10 年間でマインドも実際の使い方もここまで変化したのだから、これから迎える 30 代後半、どんなお金の使い方をする自分に進化できるのかとてもワクワクしています。

10 年後のあなたもきっと、今のあなたからするとビックリするくらい変わっているはずです。

でも変わるためには行動をしなければいけません。

私から見ると、多くの女性が「他者からどう見られるのか」を気にしすぎていると感じます。

私の友人でも、「自分でスイーツ屋さんを出したい」と言いながら１年以上行動できない人がいました。

一緒に食事をしているときに、その人が「このお店のフランチャイズでやりたいけど、フランチャイズ募集していないから無理かも」というので、私は「とりあえずそこのお店に電話してみなよ」となかば強引に電話をかけてもらったのですが、結果、そのお店から「今までフランチャイズは考えてませんでしたが、連絡をいただいたので検討してみます」という返事をもらえました。

どれだけ悩んでも、うだうだ言っていても、動かなければ何も始まりません。

逆に、ちょっとでも行動すれば、それがチャンスになることは大いにあります。

　私も、以前事業出資先のカフェで出すサラダのドレッシングがなかなか決まらずに悩んでいたとき、行きつけの有名レストランでシェフにダメもとで相談したら、大好きなその店のドレッシングのレシピを教えてもらうことに成功したことがあります。

　ほかにも、新しく出す事業投資用にいい物件が見つかったとき、募集の張り紙は出ていませんでしたが、オーナーに直接交渉しに行ってみたら、空き次第１番で紹介してもらえることになりました。

　どちらの行動も、「普通できないよ」と思われるかもしれませんが、それはあなたが人目を気にしすぎていたり、勝手な常識にとらわれていたりするからです。

　シンプルに「気になったら行ってみる」「とりあえず電話して確認してみる」それだけのことです。

　今の自分から変わるためには１歩を踏み出す必要があります。

　次のステージに行くには自分で動かなければいけません。

　でも、その一歩はあなたが思っているよりずっと簡単に踏み出せるはずです。

　周りにどう思われようと、あなたの人生なのだから、すぐに諦めるのではなく、できることからやってみるべきです。

　自分の価値観や常識を抜け出して、軽やかにステップアップし、あなたの望む未来と人生を手に入れてください♡

EPILOGUE
～手に入れるべきはお金に振り回されない人生～

このワークブックを最後まで読み、すべてのワークをしっかりやった方はきっと投資女子になるという目標を達成できたかと思います。
そして、これからどんどんと投資の種類や金額が増していくことでしょう。
数年後には、理想の人生を叶えられているはずの未来の投資女子へ、最後にお話ししておきたいことがあります。
それは、お金はただ増やすだけでは意味がなく、幸せなお金の使い方をしなくてはいけないという点です。

▶ 幸せなお金の使い方とは

先日、投資女子コミュニティのメンバーから「彩乃さんの周りにいる幸せなお金持ちってどんな人ですか？　どんなお金の使い方をしていますか？」と質問されました。

周りにいるお金持ちの知り合い・友人の顔を思い浮かべて考えてみた結論は、「金額を気にしなくていい人が幸せなお金持ち」でした。

お金持ちの友人たちと食事に行くと、みんなワインでもトッピングでも値段を一切見ないでどんどん追加していきます。
（余談ですが、私は値段で選ぶことはしないのですが、ワインの価格などに疎いので、純粋な好奇心から価格が知りたいタイプです笑）

そのときに友人たちが声を揃えて言うのが、「私たち、値段気にしない人ですもんね」。

そう、この方たちは、値段を聞いたから頼むのを止めるということが

一切ありません。

いくらであろうと、我慢する必要がないので、自分たちが望むものは何でも望めば手に入れられる。お金で解決できることは、値段を気にせず何でも解決できる。

ワガママに聞こえるかもしれませんが、それこそが究極の贅沢ではないでしょうか？

「別に払えるけど、今はトリュフの気分じゃないからトッピングしないでおこう」

「今日は疲れたからゆっくりできるビジネスクラスに乗ろう」

このように、自分の快適さとそのときの気持ちを素直に表せられるのが幸せなお金持ちだと思います。

反対に、見栄や映えのために欲しくもないブランド物を買いあさったり、お金を湯水のように使ったりする人は、不幸だと思います。

そういった方は、ある意味「高いから買わない・安いから買う」というような貧乏マインドに近いと私は思っています。

上の例に対比させるのであれば、「おごってもらえるから、好きじゃないけどトリュフを追加トッピングしてもらおう」とか「疲れているけどビジネスクラス差額（3万円）がもったいないからエコノミーでいい」

こんな考え方やお金の使い方をする人は全く幸せそうではないですよね？

「我慢しなくていい」「自分をハッピーにするために使う」

それこそが究極の贅沢であり、幸せなお金の使い方だと思います。

お金があれば、人生の選択肢は増えます。

しかし、自分軸を失って他人の目を気にしすぎてしまったり、世間の持ちあげるステレオタイプなお金の使い方ばかり考えたりして、自分のフィーリングやそのときの気持ちをないがしろにしている人は、たとえお金をたくさん得たとしても幸せを感じず、むしろ不自由になっ

てしまうでしょう。

お金はあくまで手段です。
あなたがあなたらしく、自由で楽しく生きるためのただのツールです。増えることでお金が存在感を増し、あなたを支配するご主人様になってしまうのだけは避けなくてはなりません。

そこで、私からあなたに送る最後のプレゼントは、あなたがお金のご主人様になれているかどうかを確認するワークです。

> **お金のご主人様になれているかのチェックワーク**

今から私があなたに 100 万円をプレゼントするとします。
あなたはその 100 万円をどう使いますか？
自由に書いてみてください。

必ず書き終わってから、次のページをめくってくださいね♡
さぁ、あなたは 100 万円をどのように使いましたか？

ここまでこの本を読んでおきながら、よもや

☑ 欲しかったバッグやアクセサリーを購入　　とか
☑ 全額貯金　　なんて書いていないですよね？

もし、あなたの使い道がただの浪費や消費、貯金だったとしたら、あなたはまだお金のご主人様にはなれてはいません。
お金に踊らされていたり、心配にとりつかれて、お金をしっかり働かせられていないのでは、ご主人様どころかお金の奴隷です。

そんなにすぐに大金は入ってこないから、ゆっくりマインドを変えようと思っているならそれは早計。100万円はもしかしたら明日にもあなたが手にするかもしれません。
たまたま買った宝くじが当たることもあれば、身内が亡くなって遺産として入ってくることもあるでしょう。
もしくは離婚して慰謝料としてもらうかもしれませんし、仕事で大きいボーナスがある可能性もあります。
しかも、そのときに手にする金額は100万円どころかもっと高額かもしれません。

思いがけず手にしたお金を死に金にするも、生き金にするもすべてあなた次第。
幸運にも大金を手にした人が、お金のご主人様になれずに最終的に身を滅ぼしたケースを私はいくつも見てきました。

投資をするということは、自分のお金をしっかり働かせて、その働きぶりをチェックする【ご主人様】でいる必要があります。

もしまだ奴隷マインドが抜け切れていないならば、ぜひこの本を読み返し、ワークを何度もやることで、投資マインドを養っていってください。

お金の主人となり、投資を使いこなせれば、あなたの人生に怖いものはありません。
　あなたの望む最高の人生を手に入れられるはずです。

　自由に。心豊かに。
　自分自身にとって最上の人生を楽しむ女性が一人でも多く生まれることを願っています。

　最後に、本書の執筆にあたり、多大なご協力いただきました投資女子コミュニティ【ヴィーナスマネークラブ】の会員の皆様、並びに運営の吉永美奈子さんに深く感謝申し上げます。

2021年12月　深田 彩乃

\「投資女子note」ご購入者様だけに /
２大特典をプレゼント♡

☑ 今の自分を変えたい！
☑ 正しいお金の増やし方をもっと本気で学んでみたい！
☑ 資産形成が自分にも出来るか確かめたい

そんなあなたのために特典をご用意しました。
是非、右のQRコードからアクセスしてみてくださいね♡

はじめての投資女子 note
理想の自分を手に入れる 30 日ワーク

発行日　2021 年 12 月 25 日　第 1 刷

Author	深田彩乃
Book Designer	佐々木志帆（株式会社ナイスク）
発　　行	ディスカヴァービジネスパブリッシング
発　　売	株式会社ディスカヴァー・トゥエンティワン

〒 102-0093　東京都千代田区平河町 2-16-1 平河町森タワー 11F
TEL 03-3237-8321 （代表） 03-3237-8345 （営業）　FAX 03-3237-8323
https://d21.co.jp/

Publisher　谷口奈緒美

Editor　村尾純司

Store Sales Company
安永智洋　伊東佑真　榊原僚　佐藤昌幸　古矢薫　青木翔平　青木涼馬　井筒浩　小田木もも　越智佳南子
小山怜那　川本寛子　佐竹祐哉　佐藤淳基　佐々木玲奈　副島杏南　高橋雛乃　滝口景太郎　竹内大貴
辰巳佳衣　津野主揮　野村美空　羽地夕夏　廣内悠理　松ノ下直輝　宮田有利子　山中麻吏　井澤徳子
石橋佐知子　伊藤香　葛目美枝子　鈴木洋子　畑野衣見　藤井かおり　藤井多穂子　町田加奈子

EPublishing Company
三輪真也　小田孝文　飯田智樹　川島理　中島俊平　松原史与志　磯部隆　大崎双葉　岡本雄太郎　越野志絵良
斎藤悠人　庄司知世　中西花　西川なつか　野﨑竜海　野中保奈美　三角真穂　八木眸　高原未来子　中澤泰宏
伊藤由美　俵敬子

Product Company
大山聡子　大竹朝子　小関勝則　千葉正幸　原典宏　藤田浩芳　榎本明日香　倉田華　志摩麻衣　舘瑞恵　橋本莉奈
牧野類　三谷祐一　元木優子　安永姫菜　渡辺基志　小石亜季

Business Solution Company
蛯原昇　早水真吾　志摩晃司　野村美紀　林秀樹　南健一　村尾純司

Corporate Design Group
森谷真一　大星多聞　堀部直人　井上竜之介　王廳　奥田千晶　佐藤サラ圭　杉田彰子　田中亜紀　福永友紀　山田諭志
池田望　石光まゆ子　齋藤朋子　福田章平　丸山香織　宮崎陽子　阿知波淳平　伊藤花笑　伊藤沙恵　岩城萌花　岩淵瞭
内堀瑞穂　遠藤文香　王玮祎　大野真里菜　大場美範　小田日和　加藤沙葵　金子瑞実　河北美汐　吉川由莉　菊地美恵
工藤奈津子　黒野有花　小林雅治　坂上めぐみ　佐瀬遥香　鈴木あさひ　関紗也乃　高田彩菜　瀧山響子　田澤愛里
田中真悠　田山礼真　玉井里奈　鶴岡蒼也　道玄萌　富永啓　中島魁星　永田健太　夏山千穂　原千晶　平池輝
日吉理咲　星明里　峯岸美有　森脇隆登

Proofreader　小宮雄介

Printing　日経印刷株式会社

ISBN978-4-910286-08-2

Discover

人と組織の可能性を拓く
ディスカヴァー・トゥエンティワンからのご案内

本書のご感想をいただいた方に
うれしい特典をお届けします！

特典内容の確認・ご応募はこちらから

https://d21.co.jp/news/event/book-voice/

最後までお読みいただき、ありがとうございます。
本書を通して、何か発見はありましたか？
ぜひ、感想をお聞かせください。

いただいた感想は、著者と編集者が拝読します。

また、ご感想をくださった方には、お得な特典をお届けします。